Karl von Eckartshausen

Kopien nach wahren Originalien menschlicher Charaktere

Karl von Eckartshausen

Kopien nach wahren Originalien menschlicher Charaktere

ISBN/EAN: 9783743603103

Hergestellt in Europa, USA, Kanada, Australien, Japan

Cover: Foto ©Andreas Hilbeck / pixelio.de

Weitere Bücher finden Sie auf **www.hansebooks.com**

Copien

nach

wahren Originalien

menschlicher

Charaktere.

Geschrieben
von dem Hofrath von Eckartshausen.

München,
bey Joseph Lentner. 1788.

Sollte sich einer oder der andere auch wider meinen Willen getroffen fühlen, so denke er, daß es nicht meine Schuld, sondern die Schuld des Zufalles und der Aehnlichkeit ist, und begnüge sich mit dieser meiner Erklärung, daß ich es so wenig mit böser Absicht gethan habe, als hätte ich einen Pfeil von Ohngefähr über ein Dach geschossen, und hätte ihn verwundet: oder aber als wäre ich ein Mahler gewesen, hätte Menschenzüge gezeichnet, und hätte die seinigen getroffen. —

Shakespear. — —

Innhalt.

Die

Mit wahrem Wonnegefühle vernahm ich, daß sich manche um die Fortsetzung meiner Blätter erkundigten, und meine Erzählungen, die ich eine Zeitlang unterbrach, wieder zu lesen wünschten. Ich setze sie mit dem Vergnügen wieder fort, mit welchem ich sie vor einigen Jahren anfieng. Freude ist es für meine Seele, und Belohnung für mein Herz, wenn ich nur zu einer halben vergnügten Minute eines einzelnen Menschen beytragen konnte.

Was kann ich für die Menschheit thun, als Erzählen? — Im Ganzen bin ich so ein unbedeutendes Ding, das vielleicht nicht im Stande ist, eine Mücke glücklich zu machen. — — Aus meinen Erfahrungen sollen andere klug werden; aus meinen Thorheiten andere lernen, was Thorheit ist. Aufrichtig handle ich mit der Menschheit gewiß, und jedem will ich wohl, wer er

A   auch

auch immer seyn mag: nur wollt' ich wünschen,
daß ich die Menschen auch ganz überzeugen könn=
te, daß ich nie die Wonne des Lebens wahrhaft
fühlte, als in den Stunden, in denen ich der
Tugend getreu war. Entfernt von ihr, ist jedes
Vergnügen nur ein Scheingut; es lohnt uns bald
mit Bitterkeit, und überzeugt unsre Herzen, daß
die Gesetze, die die Religion in unsere Seele
legte, Gesetze der Liebe sind, ohne welchen die
Menschheit nicht glücklich seyn kann.

Nie fühlte ich mich größer, nie war ich ein
besserer Mensch, Gatte, Vater, Freund, als in
der Stunde, in der ich aufmerksam auf ihren Zu=
ruf war: nie hingegen fühlte ich mich elender,
nie weniger werth im Zirkel der Menschen zu
leben, als wenn Irrthum mich von ihren Wegen
entfernte. O könnte ich dieses Gefühl jedem ein=
flößen, jedem laut sagen, daß nur Rückkehr zur
Tugend der Weg zum wahren Glücke sey.

Wir klagen über das Elend der Welt, und
wir sind selbst die Schöpfer unsers Elendes. Wä=
ren wir unsern Pflichten getreu, liebten wir Gott
und unsern Nächsten, o wie glücklich wäre unser
Leben! — Gott verlangt so wenig von uns —
— Dankbarkeit und unser eigenes Glück, dieß
ists alles, was er fodert.

Manz

Mangel seiner Selbstkenntniß und unsers
wahren Wohls sind die Ursachen unsrer Verirrun-
gen; Leichtsinn, schlechte Erziehung, Mangel an
Unterricht, und böse Beyspiele entfernen uns von
ihm : und er harret unser, lächelt uns zu, daß
wir wieder zurückkehren. — — Doch über lan-
ges Moralisiren schläft man gern ein; Beyspiele
bewegen besser, sind anschauender und reizender.
Ich sammelte herrliche und auffallende Beyspiele:
ich will sie mahlen diese Gemälde englischer
Schönheit; — o möchte ein Engel meinen Pin-
sel führen, und dem Gemälde den Geist geben,
der die Menschheit rühret! — —

Szenen aus der Natur.

Der Aufgang der Sonne.

Wer kann die Sonne aufgehen sehen, ohne die
Majestät der Gottheit zu bewundern? Wie herr-
lich hangen die Thautropfen an den Blumen!
Wohlgerüche düften in den Gründen; Die Lerche
hebt sich in den Feldern empor, und singt ihr
Morgenlied. Der Bach rollt mit schaumenden
Wogen die grünen Wiesen hinab, und tausend

und tausend Funken glänzen auf seinen Fluthen.
— — Für wen ist diese Herrlichkeit bereitet? —
Für uns alle — — für den König, wie für den
Bettler.

Wir sind also in Gottes Augen alle gleich:
welch ein erhabner Gedanke! — — So sagte sich
Thomas, ein alter Bauer, der mit seinem Nach=
barn einen Prozeß hatte. Er gieng hin, klopfte
an seine Thüre, fiel ihm um den Hals, und
verglich sich mit ihm. Wir wollen wieder Freun=
de seyn, sagte er, denn wie könnte ich länger
auf dich zürnen, da du Gottes Kind bist wie ich;
da diese schöne Sonne über deinen Scheitel glänzt,
wie über den meinen, da Gott unser beyder Va=
ter ist. — —

Ein Volkslied am Morgen.

Ruhig, sorglos, ohne Kummer
lagen wir im sanften Schlummer
in dem Schoos' der stillen Nacht:
nun sind wir am heitern Morgen
zu der Freude, nicht zu Sorgen
wieder fröhlich aufgewacht.
Ruh' erquickte unsre Glieder;
munter nun zur Arbeit wieder!
Arbeit schaft dem Menschen Brod,

Und

und wird uns der Höchste segnen,
wird das Brod wie Manna regnen;
unser Vater ist ja Gott.
Um euch, liebes Weib und Kinder!
wird die harte Arbeit linder:
Gott, der uns den Segen giebt,
läßt uns das, was wir genießen
o gewiß — gewiß erprießen
denn er ist es, der uns liebt.
Vor ihm wollen wir stets wandeln,
stets nach den Gebothen handeln
uns dem Glauben gänzlich weihn:
keinen Menschen je betrüben,
unsre Feinde selbst noch lieben,
und in Gott denn fröhlich seyn.
Alles, was wir thun, soll Bitte,
jeder unsrer kleinsten Schritte
soll dir, Gott! zum Opfer seyn.
Gieb uns deinen heil'gen Segen,
lächle uns mit Gunst entgegen,
und laß uns des Lebens freun! —

Die Versorgung in der Stadt.

Schön und angenehm war die Gegend, in der
Thema lebte. Die Seine floß durch das blumen=
volle Thal, wo das unschuldige Mädchen die
Tage ihrer ersten Kindheit wegtändelte. Rings

um die Wohnung ihrer Eltern stunden wonne-
volle Gebüsche.   Hier sah man keine prächtigen
Palläste; die Werke der Eitelkeit und des Stolzes
verbargen ihre Wipfel nicht in den höchsten der
Wolken; das Gerassel der Carossen störte hier den
Denker nicht in seiner Ruhe, und ausser der Flöte
des Schäfers, und dem Geblöke der Lämmer und
den Liedern der Vögel und dem Rauschen der
Bäche hörte man hier kein Getümmel.

Keine blasse Gesichter, ausgezehrt von Wohllust und Gelüsten schlichen mit langsamen Schrit-
ten in dieser Gegend, liebevolle Mädchen, munter und leicht, sammelten sich am Morgen,
und sangen Wonnelieder beym Aufgange der
Sonne.   Niedlich und rein war ihr Putz, un-
geschmünkt ihre Wangen — nachläßig das
Spiel der Westwinde ihre Haare. — Ihr Spiegel war die Quelle oder der Bach, und eine Blume blühte an ihrem geheiligten Busen. — —
Unter diesen Kindern der Unschuld war Thema.
Sie übertraf die Mädchen der Gegend an Schönheit und Tugend — gleich der Rose, die ihr
Haupt aus dem Gebüsche hervorhebt, und die
anderen Blumen an Schönheit beschämet, die
die tausendfarbigen Fluren decken.   Ihr Wuchs
war schlank, zart waren ihre Glieder; ihre Haare glichen der Artesbeere an Schwärze; lang flossen

sen sie ihren Rücken hinunter, und waren mit
Bändern durchflochten und mit Rosen besteckt.
Unschuldig war ihr Auge und schmachtend ihr
Blick. Sie war im vierzehnten Jahre; kannte
die Liebe noch nicht. Wenn sie schlummerte, so
sah sie in ihrem Schlafe ihre Lämmer und ihre
Heerde; sie träumt: von den Blumen, die sie
pflückte, und von den Gegenden, wo sie spielte.
Ohne Sorge erwachte sie am Morgen; ihre Augen öffneten sich freudig dem aufgehenden Lichte
der Sonne. Mit einem Worte: sie wachte am
Morgen ohne Sorge auf, und legte sich am
Abend ohne Kummer nieder. Alles, was sie sah,
war ihr werth. Bald pflückte sie Blumen und
flocht Kränze davon für ihre Eltern; bald wählte
sie verschiedene Bänder für ihre Gespielinnen: bald
putzte sie ihr Lämmchen und zierte es nieblich mit
Bändern und Blumen.

Lykas war ihr Vater — ein edler, wackerer
Mann. Er war arm, aber gut. Seine Hütte
stund jedem Reisenden offen; seine Früchte und
sein Brod theilte er mit jedem Dürftigen. Er
hatte viele Kinder. Thema war die älteste seiner Töchter.

In der Nachbarschaft lebte eine Gräfin; sie
sah Thema, und gewann sie lieb. Gebt mir eure
Tochter, sagte sie zu dem alten Lykas, ich will
sie

sie versorgen; ihr habt ohnehin viele Kinder.
Ich gieb euch meine Tochter nicht gerne, sagte
der Alte; sie ist mir lieb. Ich will es, sagte
die Gräfin; es soll euer Unglück nicht seyn.
Nun mußte Thema fort. Da weinte sie zum
erstenmale; sie weinte um ihre Gespielinen, um
ihre Blumen und um ihr Lämmchen. Armes
Kind! — —

Schon war sie in der Stadt, und sie weinte
noch immer. Am Morgen flossen ihre Thränen,
und bey der Nacht saß sie am Fenster, sah die
Sterne an, und weinte wieder.

Es war an einem Morgen, da kam ein jun=
ger schöner Mann auf ihr Zimmer. Sie sah ihn
das erstemal, und kannte ihn nicht. Gutes
Mädchen! fieng er an, du dauerst mich.

Thema.

Ich dich dauern? — Wer bist du? Du
mußt recht gut seyn. Ich dich dauern — — da
weinte sie nun stärker.

Der Fremde.
Trockne deine Thränen, sie schmerzen mich.

Thema.

Dich schmerzen! — Du nimmst also An=
theil an meinem Kummer? — Da fiel sie ihm
um den Hals und weinte wieder, und der Frem=

be

de küßte sie. Erzähle mir, fuhr das Mädchen fort, von meinem Vater, von meinen Schwestern; nnd er erzählte ihr, und nun war sie ihm gut — von Herzen gut. Oft wünschte sie sich stets um ihn zu seyn, und er kam fast jeden Abend wieder, und sagte ihr, daß er sie liebe.

Das freut mich, erwiederte das Mädchen; ich liebe dich auch, so wie ich meine Schwestern liebe, und du liebst mich, wie mich mein Vater liebte.

Der Fremde.

O ja!

Thema.

O wie bin ich nun glücklich, nun bist du meine Freude.

Da nahm sie eine Blume aus ihrem Busen, und steckte sie ihm in seine Haare, und spielte mit seinen Locken.

Die Gräfin war abwesend. Der Tod eines ihrer Verwandten nöthigte sie nach London zu gehen. Ganze vier Monate blieb sie aus. Mittlerweile hatte Thema jeden Abend ihren Besuch von ihrem Freunde." Ungeduldig erwartete sie die Stunde, in der er kam, und genoß Wonne in den Armen der Liebe. Nun kam die Gräfin wieder, und freudig hüpfte ihr Thema entgegen;

aber

aber ein fürchterlicher Blick scheute sie zurücke.
Fort! sprach sie, fort, du Unverschämte! ich
weiß alles.

Thema.

Was weißt du? — Daß ich liebe — das
darfst du ja wissen: ich kam ja nun, um es dir
selbst zu sagen.

Gräfin.

Unverschämte! was getraust du dich! —
Mein Mann — —

Thema.

Dein Mann! — — da sank sie ohnmäch=
tig hin, und unbarmherzig schleppte man sie
fort, und als sie erwachte, war sie in einem
finstern Kerker. Da streckte sie nun vergebens
ihre Arme aus, vergebens rief sie da um Mit=
leid; alles, was sie umgab war hart, wie das
Eisen, das ihre Hände fesselte.

Ach wie schwer ist der Traum, den ich
träumte! sagte sich das Mädchen, denn sie kann=
te die Menschen zu wenig, um zu glauben, daß
alles dies Wahrheit sey. Kröten waren ihre
Vertraute, und Nattern ihre Gespielinnen. Mit
diesen theilte sie das schlechte Brod, das man
ihr gab. Sie spielte mit den Nattern wie mit
den Lämmern, spielte, und kannte nicht die

Schüb=

Schädlichkeit dieser Thiere. Nur seufzte sie manchmal tief um ihren Vater, um ihre Schwestern und ihren Geliebten.

Als sie einst starr in Gedanken saß, kam eine der giftigsten Vipern, und näherte sich ihr. Da hast du Brod, sagte Thema, sonst hab ich nichts. Es hungert dich, armes Thier. Da streckte sie ihren Arm nach dem Wurme, und streichelte ihm, und er wand sich mit Krümmungen um ihren Arm, und Thema küßte das Thier, das sie tödtete. Eine Schleife aus ihrem Haare wand sie dem Wurme um seinen Leib, und zierte ihn damit, wie sie einst ihr Lämmchen zierte. Sanft in ihrem Busen gestattete ihm Thema täglich seine Wohnung, bis endlich der Undankbare sie mit seinem Stahel verletzte. Grausamer! schrie sie, ich habe dir Gutes gethan, und du lohnst mir so! — Da schwoll ihr Busen hoch, und tödtend drang das Gift in ihr Herz. Sie röchelte, und die letzte Stimme war: mein Vater! — meine Schwestern! — mein Geliebter! —

Zur Erde gestreckt fand man die Todte, und Lächeln der Unschuld war noch auf ihren kalten Lippen. Man öfnete ihren Körper, und unter ihrem Busen lag ein Kind der Liebe — getödtet, eh es die Sonne sah. Von Niemanden beweint verscharrte man die Unglückliche auf

dem

dem Kirchhofe, und die Dame gieng täglich zu
Spiel, und der Graf auf die Jagd und zu Mäd=
chen. Sie spielten und lachten, affen, und
tranken, als wenn nichts in der Menschheit ge=
schehen wäre. Es geschah auch wirklich nichts
für die Stadt, wo man die Verführung der
U schuld für nichts hält, und wo die Tugend so
wenig Werth hat.

Er war arm und doch reich; denn sein Reichthum war sein Kind.

Gedrückt unter der Last der Jahre seufzte der
alte redliche Simon. Er war ein armer Taglöh=
ner, und das Tagwerk seines Lebens war mühse=
lig und hart. Er lebte seine Tage über sparsam,
denn was kann der Arme sich zu gute thun, der
mit der harten Arbeit sich so wenig verdient, daß
er kaum sein Leben fristen kann.

Doch war er in seinen jungen Jahren ver=
gnügt; sein Gewissen lastete ihn mit keinem Vor=
wurfe; er erfüllte die Pflichten seines Standes,
und dankte Gott aus redlichem Herzen für seine
Gesundheit. Simon hatte ein gutes Weib; aber
sie starb: nun hatte er niemanden mehr
als eine Tochter. Sie diente. Einst ward ihr
Vater krank; sie mußte den Dienst verlassen; ih=
re

re Pflicht rief sie zurück. Ihr Vater ist ohne
Unterstützung, wer soll ihm helfen als sein Kind?
— — Sie kam zurück in die Stadt, da war sie
nun bey ihrem alten kranken Vater im fünften
Stokwerke. Ein hölzerner Stuhl, ein schlechter Tisch,
ein Strohsack und eine wollene Decke waren all
seine Geräthschaften. Er konnte sein Lager nicht
mehr verlassen, konnte sich nichts mehr erwerben:
er lebte von der Handarbeit seiner Tochter; sie
spann und strickte. Das, was sie erwarb, war
nicht hinlänglich für beyde. Sie aß nur alle
drey Tag eine Wassersuppe, damit sie doch täglich etwas weniges von einer Fleischsuppe ihrem
Vater reichen konnte. Gutes Kind! sagte der
alte Vater, du giebst mir ja alles, und du be-
hältst nichts für dich — — o daß es auch Gott
segnen möchte! erwiederte die fromme Tochter,
und küßte ihren alten Vater, und eine Thräne
netzte seine starre Hand. Gott wird es vergelten
— vergelten! — so sprach er, und starb. Gram
und Verdruß und der lange Krankendienst er-
schöpften das Mädchen so, daß es auch sehr
schwer erkrankte. Nun war die Arme fast ganz
ohne Hilfe; eine alte Nachbarin besuchte sie von
Zeit zu Zeit, und gab ihr manchmal ein Stück
Brod und etwas Wasser.

Doch murrte das gute Kind nicht wider die
Vorsicht; ihr ganzes Gebeth war: — Gott! du
weißt

weißt es, warum dieses alles geschieht. Das
Mädchen ward von Tag zu Tag schlechter, man
hollte ihr einen Geistlichen. Dieser Mann, der
ein würdiger Priester war, erzählte diese Geschich=
te bey einem seiner Freunde, einem wohlhaben=
den Bürger und Wittwer. Das muß ein recht
gutes Geschöpf seyn, sagte er; so ein Mädchen
wünscht' ich mir zum Weibe. — Da gieng der
Bürger hin, sah das kranke Mädchen, tröstete
es, und sorgte von Stund an für dessen Unter=
halt. Sie ward bald wieder gesund, und er
heurathete sie. Diese gute Tochter ist nun so ein
gutes Weib, als sie ein frommes gutes Kind
war, und der Bürger, der bey der Wahl seiner
Gattin auf Tugend und Frömmigkeit dachte, ist
mit ihr so glücklich, als es sein redliches Herz
verdient.

Ein Lied, das Thema im Kerker sang.

O wie düstern sind die Mauern!
O wie sind die Ketten schwer!
Muß ich wohl hier ewig trauern?
Keine Hofnung für mich mehr? —

Armer Vater! wenn ich könnte
Nur dich einmal wieder sehn;
Schwester! — nach der ich mich sehnte,
O du hörest nicht mein Flehn.

Lämm=

Lämmchen! das auf holder Weide
  Noch vor einem halben Jahr'
Meine ganze Seelenfreude,
  Meine ganze Wonne war:

Lämmchen! ach könnt'st du es wissen,
  Wie ich nun so elend bin!
Meine Stunden zu versüßen,
  Denk' ich öfters auf dich hin.

Ganz entfernt von Freud und Wonne
  Leb ich hier in düstrer Nacht:
Sehe nie die holde Sonne,
  Nie der Fluren edle Pracht.

Mein Gefährte ist die Schlange;
  Gräßlich schlingt sie sich um mich:
Und doch wird mir niemal bange,
  Auch die Schlange liebe ich.

Lieben muß ich — meiner Seele
  Ists Bedürfniß — dieses Thier:
Wenn ich so die Stunden zähle,
  Ists getreu, und stets bey mir.

Gräßlich — ja — ist wohl ihr Blicke,
  Doch scheint er mir manchmal schön;
Könnt' ich dieses Wurmes Glücke
  Doch in seinen Augen sehn.

Oft vergeß' ich der Gefahren,
  Streichle ihm mit sanfter Hand;
Winde ihm von meinen Haaren
  An den Hals ein Rosenband.

Küß' ihn denn, und glaub zu küssen —
  Gott! ein Wesen das mich liebt.
Nur die Liebe zu vermissen,
  Ist, was mir Verzweiflung giebt.

Ist die Liebe denn Verbrechen?
  Nein, Natur! du sagst es mir:
Alles muß von Liebe sprechen,
  Liebe ist ja ganz in ihr.

Doch Verführung — welch ein Name!
  Gott! die Täuschung kannt' ich nicht.
Rein war meiner Liebe Flamme —
  Gott! — ich höre, wie er spricht.

Liebe schwur er mir, und sagte,
  Daß ich alles für ihn sey.
Wenn ich ihm den Kummer klagte,
  Ward mein Herz von Sorgen frey.

O wie liebt' ich! — welche Szene
  War die, wo er bey mir war!
Ach wie oft floß eine Thräne
  Auf sein blondes lokigt Haar! —

Ganz ward ich für dieses Wesen:
  Keine Täuschung, keinen Trug
Konnt' ich in dem Manne lesen,
  Für den dieser Busen schlug,

Und doch konnte er betrügen,
  Und mich Arme hintergehn.
Könnt' ich doch im Grabe liegen! —
  Liebe — — das war mein Vergehn.

Ach wie grausam war sein Scherzen,
  Das mich grenzlos elend macht:
Doch Verzeihung seinem Herzen,
  Wenn er jenseits auferwacht,

Doch ich lebe nicht, ich träume,
  Meiner Ahndung trau' ich kaum:
Wenn ich all's zusammen reime,
  War mein Seyn ein schwerer Traum.

Betty, und sie war verführt.

Eine Erzählung.

Dreyßig Meilen ungefähr von London entfernt lag ein Dorf, hier lebte Falop, ein Landmann. Erschöpft durch mühsame Arbeiten und entkräftet durch Alter genoß er der Ruhe in den Armen seiner Kinder. John nannte sich sein jüngerer Sohn, der zwanzig Sommer alt war, und Betty nannte sich sein Mädchen, das erst den vierzehnten Frühling sah.

Unbeschreiblich war die Sorgfalt dieser guten Kinder gegen ihren alten geliebten Vater. Dieser dankte der Gottheit jeden Tag, daß sie ihm Kinder gab, wie John und Betty waren.

Auf Falops Stirne war heitere Ruhe; sein Aug verkündigte, daß er arm und ohne Vorwürfe alt geworden. In Johns Blicke war Jünglings Feuer, und Redlichkeit auf seinen Wangen, und in Bettys Zügen war Sanftmuth und lächelnde Unschuld.

B   John

John und Betty waren glücklich durch die Unschuld ihrer Sitten, und Jalop war es durch das Bewußtseyn seiner Tugend. In den Armen der Liebe fühlte der alte Vater die Schwachheiten des Alters nicht; sein immer heiterer Blick, sein munterer Geist ließen ihn die lange Jahrenreihe vergessen, die er lebte. Reich genug, um den wenigen Bedürfnissen der Natur zu steuern, nährte sich diese Familie durch ihre Arbeit, war zufrieden und frey von Begierden.

Betty war keine der griechischen Schönheiten; aber ihre Bildung war lächelnd und sanft. Ihr unschuldiges Wesen malte sich auf ihrer Stirne. Die Heiterkeit ihres Gesichts, die Lebhaftigkeit ihrer Blicke, ihr ungezwungenes Wesen war so einnehmend, daß eine vollkommene Schönheit zu schwach gewesen wäre, den Blick des Jünglings auf sich zu ziehen, wenn er ihn je auf Betty geheftet hielt. Dieses gute Mädchen war nie unbeschäftigt; die häusliche Arbeit war ihre Freude; ihre Wünsche schränkten sich ein auf stilles Vergnügen, und ihr Herz war getheilt zwischen ihren lieben Vater und den geliebten Bruder. Weil sie die Menschen nicht kannte, liebte sie auch alle; ihr Herz öfnete sich jedem, wie die Blume sich den Thautropfen des Morgens öfnet; denn sie wußte noch nicht, daß

Be=

Betrug und Täuschung in der verderbten Natur
des Menschen liegen.

Liebe ist das Bedürfniß edler Seelen — eine
Leidenschaft, die für den Menschen von unendli-
chen Werthe ist, wenn sie nicht ihre Grenzen
überschreitet. Sie gleicht einem angenehmen Bache, der durch blumenreiche Auen fließt, und die
Zierde einer Gegend ist: wenn aber dieser ruhige
Bach seine angewiesenen Grenzen verläßt, und mit
fremden Wasser sich anschwellt, wird er zum
verderbenden Strome, der Fluren und Auen ver-
wüstet, die Hütte des Landmanns einstürzt, und
Elend und Verderben weit umher in der Gegend
verbreitet.

Unschuld und Sitten sind die Grenzen der
Liebe; ohne diesen hört die Liebe auf Liebe zu
seyn; sie wird aus einer edlen eine niedrige Leidenschaft — sie wird Wollust. Der Wollüstling liebt nicht; er sucht nur Befriedigung seiner
Gelüste. Die Gegenstände, die er vorgiebt zu
lieben, haben in seinen Augen keinen Werth; er
liebt die Person nicht, er liebt nur sich, denn
Liebe besteht nicht ohne Achtung. Wenn ich liebe, so muß mir das Glücke des Gegenstandes
theuer seyn, den ich liebe: aber wie kann dieß
der Wollüstling? — Ehre, Achtung der Welt,

B 2

sind

sind Güter, die im Staate den größten Einfluß
auf unser Wohl haben; wenn ich nun diese dem
Gegenstande raube, den ich zu lieben vorgebe,
heißt das lieben? — Wahre Liebe gründet sich
auf gegenseitige Achtung. Wenn man ein Mäd=
chen nicht achten und schätzen kann, wie soll man
sie lieben können? — — Soviel ich beobachtete,
wollen alle Mädchen geliebt werden, und doch
bemühen sich wenige, daß man sie hochschätzen
könne.

Betty wußte von der Denkart der Stadt
nichts, denn sie lebte zum Glücke der Reinheit
ihrer Sitten auf dem Lande. Es ward Herbst,
und jeden frühen Morgen gieng Betty hin, und
sammelte die Früchte, die der Segen der glück=
lichen Jahrszeit waren. Eines Tages saß sie
unter einem der fruchtereichen Bäume, und zier=
te mit Blumen den Korb, und suchte die reife=
sten der Früchte für ihren Vater. Da stund ein
Jüngling vor ihr; prächtig war sein Kleid und
reizend sein Antlitz. Er erboth sich ihr zu hel=
fen. Betty sah ihn an, und ihr Blick war nicht
verwirrt: Du willst mir helfen, sagte sie; wohl,
so sammle Früchte, nimm zu deiner Labung,
soviel du willst, und bring mir die übrigen
für meinen Vater. Der Fremde heftete starr
seinen Blick auf Betty; aber sie arbeitete fort,

wie

wie vor. Der Fremde war erstaunt über die Einfalt ihrer Sitten; sie hob sich auf, der Fremde küßte ihr die Hand, sie lächelte, er umarmte sie, und sie erröthete nicht. Engel! schrie er auf, der du bist! — Du bist wahre Unschuld, und nur so ein Mädchen suchte ich — — wie glücklich würde ich seyn! — — Mein Herr, erwiederte Betty, könnten wohl so arme Leute, wie wir sind, etwas zu ihrem Glücke beytragen? — — Da lachte er, und sah ihr ins Auge, und sie sah ihn an und lächelte. Ihr Lächeln war aber das Lächeln der Unschuld, und sein Lächeln verführerische Bosheit. Er stellte tausend Fragen an sie; und Betty beantwortete sie so ungekünstelt, so ganz natürlich, daß er wohl sah, daß das Mädchen ganz Unschuld, ganz Natur sey. Er küßte sie, und Betty reichte ihm ungescheut ihre Wange dar, denn was hätte sie Böses vermuthen sollen, da sie täglich ihren Bruder und ihren Vater küßte? — — Freut dich das, sagte sie, daß ich dich küsse?

Der Fremde.

O ja, Betty!

Betty.

Nun! so will ich dich recht oft küssen, weil du so gut warst, und sammeltest Früchte für meinen Vater.

Der

Der Fremde.

Ich darf dich wohl auch küssen?

Betty.

Warum nicht? — Mein Vater und mein
Bruder küssen mich täglich. Ein Kuß ist ein
Zeichen der Liebe, und sie sagten mir, daß man
alle Menschen lieben soll: warum soll ich dich
denn nicht küssen dürfen? — —

Da stand der Fremde tiefsinnig da, und
wilde, stürmische Leidenschaft kämpfte in seiner
Seele mit dem Eindrucke, den die Unschuld auf
ihn machte.

Der Jüngling war der Sohn eines Mylords,
erzogen in der Stadt und gewohnt zur Verfüh=
rung. Feurig rollte sein wohllüstiges Auge unter
seiner Stirne, feurig strömmte das Blut in seinen
Adern. Er sah Betty mit unverwandten Blicke
an. Da schauderte sie zurück. Bist du böse?
rief sie traurig; deine Blicke sind fürchterlich. —
Clingfort sank zu ihren Füssen. Ich sollte auf
dich böse seyn, der ich dein Sklave, dein Anbe=
ther bin! — Da lachte Betty aus vollem Her=
zen. Was willst du? beuge deine Kniee nicht
vor mir. — —

Cling=

Clingfort.

Iſt: ſterbe. — —

Betty.

Ums Himmelswillen! — Sterben — und
du liebſt! — Ich liebe auch, und ich will nicht
ſterben. Sieh dort im Gebüſche — ſiehſt du, wie
die Nachtigallen ſich lieben? — Ihre Stimme
iſt ganz Einfalt, ganz Natur. Glaubſt du wohl,
ihr Geſang ſage, daß ſie ſterben wollen? oder
ſiehſt du, daß ſie ſich ſo beugen und knieen, wie
du? — Wenn du mich liebſt, ſo mußt du nicht
mein Sklave ſeyn, denn Sklaven, wie mein Vater mir erzählte, tragen Ketten, und die Liebe
laſtet nicht. Ich könnte dich nicht in Ketten ſe-
ßen. Du mußt mein Freund, mein Vater, mein
Bruder ſeyn.

Clingfort.

Liebſt du mich alſo auch, Betty?

Betty.

Ja! du biſt ſchön, du gefällſt mir, und du
liebſt mich, warum ſollt' ich dich nicht lieben? —

Cling.

Clingfort.

Weißt du denn, daß ich dich liebe?

Betty.

Du sagtest mirs ja, also muß es wohl so seyn, denn ich sagte nie, was ich nicht dachte.

Clingfort.

Und dein Vater. — —

Betty.

O mein Vater, der wird sich freuen; wir sind nun unser mehr; da wollen wir am Abend singen, und bethen und erzählen, und uns freuen, daß wir leben.

Clingfort.

Ja das wollen wir! — —

Die Sonne stieg über die Felder herauf, und herrlich war der Anblick des heiteren Tages. Die Vögel sangen im Gebüsche, und auf dem Felde ertönte die Schalmei des Schäfers. Betty schlummerte ein in Clingforts Armen, und nun siegte die Gewalt des Lasters über den Wohllüstling. Er genoß, und verließ Betty. Nach einer

Weile

Weile erwachte sie wieder, sah um sich her, sie
rief: Clingfort! aber vergebens. — Hab ich ge-
träumt? sagte sie, ja, es war ein Traum; denn
wär' es Wahrheit gewesen, so wäre mein Geliebter noch da.

Clingfort war einer der Menschen, aus denen Zeit und Umstände das machen, was sie
sind. Er war in einer grossen Stadt unter den
Reichen erzogen; was wußte er von wahrem
Menschengefühle? — Sein Herz war schwach
und sein Charakter sinnlich. Einige Romane,
die er laß, und einige rührende Schauspiele, die
er aufführen sah, stimmten seine schwächlichen
Nerven manchmal zum Eindrucke des Elendes.
Er konnte z. B. eine Thräne bey dem Anblick
eines Dürftigen weinen. Man nannte ihn gut,
so wie man manchen Reichen gut nennt; ich
wollte aber lieber sagen: schwach, denn Güte
und Schwäche sind wesentlich unterschieden.
Schwäche ist die Ursache der Empfindeley, und
Güte die Ursache des wahren Menschengefühls.

Als Clingfort Betty verließ, war er ganz
Liebe, ganz Treue. Ich habe die Unschuld verführt, sagte er sich, und Gott ist Zeuge der Absicht meines Herzens. Betty soll mein seyn! —
Was ist das Glück des Hofes gegen das ländli-

che Vergnügen? — Die Tage an der Seite eines solchen Mädchens verleben — das ist Seligkeit. — — So sprach er einige Stunden mit sich selbst; als er aber wieder am Hofe war, waren alle seine Entschlüsse verschwunden. Sein Herz war lebhafter Empfindungen, aber keiner dauerhaften Leidenschaften fähig. Die Jugend fesselte ihn an das Vergnügen, und sein unbeständiger Charakter an die Abwechslung. Manche Stunde träumte er noch von Betty; aber dieser Traum verschwand wieder, wie ein Schattengesicht: Betty ward gänzlich von Clingfort vergessen.

So ist im allgemeinen der Charakter des Reichen: ich sage, im allgemeinen, denn es ist keine Regel ohne Ausnahme. — Heut bist du ihr Freund, sie überhäufen dich mit Schmeicheleyen und Höflichkeiten, morgen sind sie kalt wie Eis, und kennen dich nicht mehr. Ihr Herz leitet sie selten, sie werden meistentheils von den Umständen geleitet. Auferzogen im Ueberfluße kennen die wenigsten das Elend, und den Werth des Menschen. Immer mit sich selbst beschäftigt, von falscher Größe und falscher Tugend eingenommen vertändeln sie die Zeit ihres Lebens, umrungen von niedrigen Schmeichlern und Sklaven. Diese fesselt Armuth und das Elend an

die

die Reichern , und stehen daher im Solde zur
Vergötterung ihrer Thorheiten.

Vertieft in tausend Ideen kehrte Betty zu
ihrem Vater zurück. Oefters öfnete sie schon
ihren Mund, um ihm den sonderlichen Zufall
zu erzählen: allein etwas, das sie sich selbst
nicht erklären konnte, hielt sie zurück. Ich weiß
nicht, sagte sie, war dieses alles ein Traum,
oder Wahrheit? Wars ein Traum, was soll ich
meinen Vater ängstigen? — wars Wahrheit, so
ist der Jüngling sehlig, weil er mich verließ,
und es wäre von mir unedel, ihn anzuklagen.

Der Mond beschien zum drittenmal mit vol=
lem Lichte die Erde seit diesem Vorfalle, und
Betty wähnte noch nie empfundene Gefühle.
Traurig, ohne zu wissen warum, wandelte sie
gern in einsamen Orten; sie weinte, ohne die
Ursache ihrer Thränen zu wissen, und manchmal
stützte sie stundenlang ihr Haupt auf Falops
Schultern, und ihr Herz schlug heftig und stark.
Mittlerweile trat eine rauhe Jahrszeit ein; die
zunehmende Kälte störte die wankende Gesund=
heit des alten Vaters. Untröstlich waren John
und Betty. Alles wandten sie an, was Zärtlich=
keit und Liebe anwenden konnten, um den armen
Vater von der Grube zu entfernen, der er so
nahe

nahe kam. Thränen bethaueten den Opferherd,
den sie baueten, und Seufzer stiegen mit den
Wohlgerüchen der Blumen, die sie der Gottheit
opferten, zum Himmel auf.

Eines Tages, als Betty an dem Lager ih=
res kranken Vaters saß, bemerkte er die Verän=
derung, die in dem Mädchen vorgegangen war.
Sorgfältig forschte er sie aus, und unschuldig
antwortete Betty auf alle Fragen. Endlich ent=
deckte der gute Vater, daß Betty verführt war.
Ohnmächtig sank der Alte hin, und Betty warf
sich auf ihn, und wärmte seine kalte Lippen durch
ihre Küsse, und hielt seine Seele durch ihren
Hauch zurück, die bereits von seinen Lippen zu
entfliehen schien. Sie wußte die Ursache dieses
Zufalls nicht. Falop erhollte sich wieder; er
hob seine Hände zum Himmel. Ewige Vorsicht!
rief er auf, ich bethe deine heiligen Entschlüsse
an. O Betty! meine Tochter! Komm, drücke
dein Herz an das meine, und deine Thräne flieſſe
mit der meinen. Ein Bösewicht — o Himmel!
verzeih mir, daß ich einen Menschen anklage —
ein Bösewicht hat dich entehrt. — Doch verzweif=
le nicht — du bist ein Engel — unschuldig und
rein — deine Unschuld, deine Unerfahrenheit hat
dich ins Verderben gebracht. Der Himmel, der
der Schützer der Unschuld ist, wird auch dein

Schützer

Schützer seyn. Bey diesen Worten trat John ins Zimmer. Er kam und brachte stärkende Kräuter für seinen Vater: aber welch ein Anblick! — Betty war ausser sich, der arme Greis schwamm in Thränen. — John stund eine Zeitlang unbeweglich, endlich rief er auf: Vater! Schwester! was geschah — was fehlt euch? — — O Sohn! Ein Bösewicht mißbrauchte deine Schwester; sieh sie an — sie ist entehrt — verführt — geschändet. — — Er soll sterben, der Verführer! sagte John, beym Himmel! schwor ich ihm, er soll sterben, oder der Vater seines Kindes, und der Gatte meiner Schwester seyn.

Vater. O John! du kennst die Menschen noch zu wenig; deine Hitze reisset dich hin. Du würdest dich unglücklich machen, ohne deiner Schwester zu helfen. Höre mich. Des Menschen Antheil ist Leiden, laß die Rache dem Himmel über. Wenn die Tugend nicht verzeihen wollte, welchen Vorzug hätte sie vor dem Laster? — Geh, Sohn! Gott ist unser Richter; er sieht alles, und vermag alles. Die Ergebung in seinen heiligen Willen ist das Kennzeichen der Unschuld. Zähle auf seine Güte und Gerechtigkeit. Nach diesen Worten überfiel den alten Vater eine tödtliche Ohnmacht; Betty und John umfaßten den Sterbenden, als wollten sie mit ihm hinabstürzen in

die

die Krüfte des Todes. Zwo Stunden waren vor=
über, bis Falop sich wieder erhollte; nochmal
blickte sein schwaches Auge auf. Kinder! sprach
er, mit einer Stimme, die leise wie die Stimme ei=
nes Menschen ist, der an der Schwelle des Todes
steht, Kinder! sprach er, ich verlasse euch); mäſ=
siget euer Leiden. John, erhalte dich für deine
Schwester; Betty, erhalte dich für dein Kind.
Der Himmel will es, und euer sterbender Vater
bittet euch darum. Du bist rein, Betty vor den
Augen der Gottheit, und deine Unschuld wird
dich rechtfertigen vor den Augen der Welt. John
wird Vatersstelle au deinem Kinde vertreten. Ich
überlasse euch soviel, daß ihr nicht den höchsten
Bedürfnissen unterliegen dürfet. Liebet euch Kin=
der, und heiliget mein Andenken. Liebet Gott,
und dienet ihm, und nichts wird im Staude seyn,
euch das Glück eures Herzens zu rauben. Und
du, höchstes Wesen! dem ich jede Freude meines
Lebens schuldig bin; du, dem ich diese Kinder,
ihre Liebe und Unschuld danke — du ihrer und
mein Vater, höre meine Bitte — von den ster=
benden Lippen eines Geschöpfs, das dich liebt
und anbethet, höre meine Bitte für das Wohl
meiner Kinder, erhalte sie im Guten, und em=
pfange meine Seele in deinen väterlichen Schoos.“
— Hier starb Falop.

Ihr,

Ihr, die ihr es für nichts haltet, ein Mädchen zu verführen, und die Unschuld entehren
Galanterie nennet, trettet her zu dieser Szene,
und wenn keine Thräne des Mitleids euer Auge
netzet, wenn kein Gefühl in eurem Herzen rege
wird zur Theilnahme, so habt ihr die Menschheit
ausgezogen. Unglückliche! habt ihr nicht auch
eine Schwester, oder eine geliebte Tochter, oder
eine theure Freundin? — Sagt, sind sie wohl
frey von Verführung? kann sie nicht gleiches
Schicksal treffen, wie die arme Betty? —
Ich bin wahrlich kein Bigott; weiß, daß wir
Menschen sind und fehlen können; bin nachsichtig
gegen menschliche Schwachheiten, besonders in
der Liebe: aber wenn Liebe zum Laster wird,
wenn sie die Menschheit entheiligt, Geschöpfe
unglücklich macht, denn ist sie nicht Liebe; sie ist
thierischer Gelust und Meuchelmord der Unschuld.
Fluch der Menschheit über den, der die Unschuld
schändete, und sie verlassen konnte. Er ist die
Ursache aller Folgen.

Wiegenlied an ein Mädchen.

Schlummre, Mädchen! sanft den Schlummer
  deines ersten Lebens hin:
Könntest du doch ohne Kummer
  ruhig wie die Rose blühn.

Nun

Nun kennst du noch kein Verlangen;
   sanft genieſſeſt du der Ruh:
Unſchuld deckt die holden Wangen
   lächelt hold den Menſchen zu.

Engel! was wird deiner warten?
   um ein Mädchen ſchleichen ſich
der Verführung tauſend Arten.
   O der Schöpfer ſchütze dich!

Ach! du würdeſt mich erbarmen,
   ſollt'ſt du die Verführte ſeyn:
o ſo ſchließ in ſeinen Armen
   dich der Tod auf ewig ein!

Drangſaal würdeſt du erleben,
   und ich liebe dich ſo ſehr.
Willſt du Troſt mir Armen geben,
   ſo erwache nimmermehr.

Betty lernte die Welt kennen.

Vergebens bemühte sich John seine Schwester zu bereden, daß sie den Entschluß aufgeben sollte, den Vater ihres Kindes zu suchen. Immer kehrte dieser Gedanke in Betty's Seele wieder zurück. Ich will — ich muß den Vater meines Kindes suchen, sagte sie, es ist Pflicht. Du wirst ihn nicht finden, arme Betty! erwiederte John; du wirst glauben, einen Gatten, einen Freund in deine Arme zu schliessen, und er wird vielleicht dein Mörder seyn. Nun so sey es! fuhr Betty fort, so hab ich mir doch keine Vorwürfe zu machen. Ich habe die Pflichten einer Mutter erfüllt. Bey diesen Worten drückte sie ihr Kind mit unaussprechlicher Wehmuth an ihre Brust. Als Bettys Bruder sah, daß alles Zureden vergebens war, so wollte er seine Schwester begleiten. Nein, sagte aber Betty, allein will ich gehen. Mein Stand, mein Unglück und mein Geschlecht sollen meine Stützen seyn. Deine Hitze, deine Liebe für mich, John! würde dich hinreissen; du würdest unglücklich werden. Ich bin ein

D   armes

ne gerade Seele in ihm wohnen. Ich verabſcheue
den Mann, der nicht mit offner Stirne den Groſ=
ſen unter die Augen tritt, der ſich von einem
Kleide blenden läßt, oder vor dem Arme des
Mächtigen zittert, denn er iſt zu allem fähig.
Heut kriecht er vor dem Mächtigen, und leckt ihn
wie eine Katze, und morgen zerfleiſcht er ihn mit
ſeinen Klauen, die er Tags zuvor in ſeine Pfotte
verſteckte. Heut läßt er ſich zum Fußſchemmel
brauchen, und morgen iſt er fähig zum Hochver=
rath. Es iſt nicht ſchwer, ſolche Menſchen ken=
nen zu lernen; ihre Natur iſt ſchlangenartig; es
iſt unmöglich, ſie können ſich nicht verſtellen, ſo
ſehr ſie auch die Maske des Politikers nehmen
wollen. Ihr Auge, ihre ganze Miene verräth
ſie; ſie ſehen ſelten einem ehrlichen Manne gera=
de ins Geſicht; ihr Gang iſt ſchleichend, und ihre
Stellung iſt immer die, als wollten ſie einem
unter der Achſel durch ſchlüpfen. Ihre Miene iſt
höhniſch lächelnd und ihr Auge blinzelnd. Wenn
man ſie raſch anredet, wiſſen ſie nicht gleich zu
antworten, und wenn mehrere Menſchen über ver=
ſchiedene Sachen verſchiedene Meinungen haben, ſo
hat bey ihnen ein jeder Recht. Sie laufen täg=
lich aus dem Hauſe eines Groſſen in das andere,
dienen um eine Mittagsſuppe zum Narren, und
laſſen ſich um ein Wort zu allen Niederträchtig=
keiten gebrauchen. So ein Mann war Clinbek,

der

der die arme Betty an der Schwelle der Burg antraf, als sie zum König wollte. Er sah das Mädchen, verfolgt von einem Schwarme von Menschen; er drang sich durch das Gedränge zu der Unglücklichen.

Wo willst du hin? rief er.

Betty.

Zum König! Ich will Gerechtigkeit wieder Lord Humfred.

Clinbek.

Welche Vermessenheit!

Betty.

Vermessenheit! was nennst du Vermessenheit? Daß ich bey dem Könige Zutritt suche? Bin ich nicht ein Kind eines seiner Unterthanen?

Clinbek.

Halte dich an mich; du sollst Gerechtigkeit finden, albernes Mädchen! — Aber itzt kannst du den König nicht sprechen. Gedulde dich bis morgen, bis dahin kannst du bey mir bleiben. Bey diesen Worten sah Clinbek auf das Volk; man nannte ihn gutthätig, rühmte seine Menschenliebe, und er lächelte und führte Betty in seine Behausung.

Wer bist du guter Mann! sagte da Betty zu ihm, den mein Unglück rührt? Du nimmst

An=

Antheil an meinem Kummer, und linderst durch
deine Theilnähme meinen Schmerz. Dank dir!
der Himmel soll deine gute Seele lohnen. Clinbek lächelte immer, denn nie hatte sein Ohr diese
Sprache gehört. Kaum war Betty auf seinem
Zimmer, so eilte er zu Lord Humfred. Athemlos
kam er an, stürzte halb ins Zimmer und fieng
an. Ich habe Eurer Herrlichkeit eine Sache von
äußerster Wichtigkeit zu entdeken.

Mylord.

Nun — —

Clinbek.

Eure Herrlichkeit wissen, daß ich immer der
unterthänigste Diener ihres Hauses war; daß
mir jede Gelegenheit lieb ist, eurer Herrlichkeit
meine unterthänigste Devotion zu bezeugen.

Mylord.

Aber weiter — —

Da sah er schüchtern um sich. Eure Herrlichkeit! man wagte es, Sie beym Könige zu
verklagen; aber ein glücklicher Zufall warf die
Tollsinnige in meine Hände. Ich brachte sie in
mein Haus; da ist sie wohl verwahrt; sie sieht
mich für ihren besten Freund an. Ich kam nun
in Eile, Eurer Herrlichkeit zu melden, daß Hoch-
selbe ihre Maaßregeln darnach nehmen können.

My-

Mylord.

Was ist zu machen?

Clinbek.

Man muß der Unsinnigen den Zutritt zum Könige abschneiden. Ich dächte — doch ohne mindeste Maaßgab Eurer Herrlichkeit hohen Einsicht zugeben — man könnte diesem Weibsbilde in aller Stille einen Platz in einem ewigen Gefängnisse oder im Tollhause anweisen. — Eurer Herrlichkeit hohe Ehre liegt daran. Der König darf von der Sache nichts wissen.

Mylord.

Es ist ein verdrießlich Ding. Sie wissen, ich mag mich nicht in viele Weitschichtigkeit einlassen — — ich überlasse es ihrer Einsicht.

Clinbek.

Eine hohe Gnade für mich, Eurer Herrlichkeit das Attachement meines Herzens in vollkommenster Ergebenheit zeigen zu können.

Mylord.

Aber noch was! Einsperren wollen wir das Mädchen nicht. Hier sind 100 Guineen, geben sie's ihm; es wird zufrieden seyn, und schicken Sie die Arme auf ihr Dorf wieder zurück.

Clinbek.

Dank für die Unglückliche! Diese That sieht ihrem edlen Herzen ganz ähnlich. Ja freylich!

Eure

Eure Herrlichkeit haben ganz Recht. Ich meinte
es eben auch nicht so übel. Ja freylich — dieses
Moyen ist mehr — ist besser. Dank Eurer Herr=
lichkeit! überlassen Sie alles mir — trauen Sie
auf meine Verschwiegenheit und Treue.

Mylord.

Kommen Sie morgen auf Mittag.

Clinbek.

Wenn es Eure Herrlichkeit so gnädigst be=
fehlen. (Im Abgehen) Clinbek! 100 Guineen!
— guter Mylord! diese 100 Guineen sind mein.
Davon soll diese Creatur keinen Heller sehen. Gu=
ter Lord! du bist schwach genug, mich für deinen
Freund zu halten. Gut! unter deinem Fittige
will ich meine Thaten ausbrüten. So sprach der
Bösewicht und gieng hin; behielt das Geld für
sich, und erwirkte soviel, daß man die arme
Betty in der Stille abhollte, und in ein Gefäng=
niß versperrte. Was bekümmert sich der Mylord
um das Mädchen, sagte Clinbek, wenn er nur
Ruhe davor hat? Ob ihm nun diese 100 Guineen,
oder der Kerker Ruhe schaffen, das ist einerlei.
Die Art, wie er diese 100 Guineen erhielt, nannte
er politische Industrie, und sein Bemühen, die
arme Betty unglücklich zu machen, nannte er
Gefälligkeit gegen den Mylord.

Welch

Welch ein abscheuliches Gemälde von einem
Menschen! und es ist doch in der Natur. Welche
Schandthaten ist nicht mancher im Stande aus-
zuüben, um sich einen Grossen verbindlich zu machen? Freylich war dies die Absicht des Lords
nicht; allein was wollte er thun, nachdem er
Clinbek in verschiedenen Stücken gebraucht hatte,
wovon der König nichts wissen durfte, und so
hätte er auch dießmal, wenn er die Mißhandlung
der armen Betty gewußt hätte, schweigen müssen.
Daß Clinbek eine abscheuliche Seele hatte, davon
ist seine That der Beweiß; doch welchen Charakter mußte der Richter haben, der die Unglückliche
einsperren ließ? — Es war ein furchtsamer Bösewicht, eine feige Memme, die alles aus sich
machen ließ. Clinbek kannte seinen Charakter,
und bewog ihn durch Furcht zum Verbrechen. Ihre Unterredung über die Sache war ungefähr so.

Clinbek.

Sie wissen, Herr! wie viel ich in Mylord
Humfreds Hause gelte.

Richter.

Ja!

Clinbek.

Sie wissen auch, wie mächtig Humfred ist;
welche Freunde, welches Ansehen er bey Hofe hat.

Richter.

Ja.

Clin=

Clinbek.

Nun dieser Mann ersucht sie um eine kleine Gefälligkeit, wodurch Sie sich grossen Vortheil verschaffen können; — die gänzliche Freundschaft des Mylords. — —

Richter.

Ich mache mir eine grosse Gnade daraus, dem Lord zu dienen.

Clinbek.

Er ersucht Sie, eine gewisse Weibsperson, die ich Ihnen anzeigen werde, in der Stille einzusperren, daß sie den Leuten aus dem Gesichte kommt.

Richter.

Nur das! Das ist eine Kleinigkeit. Vom Herzen gerne. Eine wahre Freude für mich, daß ich Gelegenheit habe, dem Mylord meine unterthänigste Dienste zu bezeugen.

Clinbek.

Sie werden wohl die Veranlassung wissen wollen. — —

Richter.

Ist nicht nöthig. Genug, daß es Mylord Humfred will. (leise) Man muß solche Herrn nie vor den Kopf stossen.

Clinbek.

Da haben Sie recht; es wäre wider die Politik, denn diese erheischt, daß wir um unsrer
Selbst-

Selbsterhaltung willen einen andern zum Opfer
machen.

Richter.

Das hab ich mir immer zu meinem Grund-
satze gemacht. Man könnte wohl auch, wenn es
nöthig wäre, durch eine Dosis Successionspulver
diese Weibsperson noch ein wenig weiter verschicken.

Clinbek.

Nein, das kann ich von Ihnen nicht fodern:
es wäre auch wider die Politik; aber in den tief-
sten Kerker könnten Sie sie wohl werfen, ihre
schlechte Nahrung geben, und sie manchmal unter
vier Augen mißhandeln lassen, damit sie selbst
bald den natürlichen Weg der Natur geht. Das
ist mehr politisch.

Politischer Bösewicht! der du zu allen Greul-
thaten aufgelegt bist; daß doch ewige Finsterniß
deine Augen decken, und nie die Sonne über deinen Scheitel mehr glänzen möge! Verunstaltetes
Wesen — schlimmer als Teufel, der doch die
Bosheit wegen sich selbst und nicht wegen andern
ausübt! — Wie, Ungeheuer! hast du dich so
entstaltet! Wie konnte aus einem Menschen so
ein Unding werden? — — Clinbek und der Richter — welche schändliche Gemälde menschlicher
Charaktere! Und doch ist in diesen Charakteren
nichts übertrieben; es giebt eine Menge Clinbeke.

Sie

Sie sind alle auf der Laiter der Verbrechen, nur
fehlt manchen die Gelegenheit, die höchste Stuffe der Abscheulichkeit zu erreichen. Wer zaghaft
und feig ist, der ist zu allem fähig: allein woher diese Zaghaftigkeit, diese Sklaverei des Geistes, diese falsche Politik, diese Furcht vor An-
sehn und Gewalt? — — Sie rührt von dem
üblen Bewußtseyn der meisten Menschen her.
Weil sie weder Tugend noch Rechtschaffenheit
schützt, so bemühen sie sich den Schutz der Grossen zu erschmeicheln; sie fürchten immer, zittern
immer, und häufen denn Verbrechen auf Verbrechen. Auf einmal kömmt der Mensch nicht zu
diesem höchsten Grade menschlicher Bosheit, sondern stuffenweis. Zuerst hat er eine unrichtige
Achtung für wahre Grösse; er sieht nicht auf
Verdienst und Tugend, sondern auf das Blend-
werk. Er kriecht, er schmeichelt, sucht sich die
Gunst zu erbetteln. Bald kennt man seine schwache Seite; man braucht ihn in verschiednen Vor-
fällen, er wird geschäftig; nach und nach verwickelt er sich selbst in unedle Handlungen; nun
sucht er Schutz; sein Bewußtseyn hält ihm täglich den Spiegel seiner Thaten vor; nun zittert
er, getraut sich niemanden mehr etwas abzu-
schlagen, weil er sich einbildet, daß jedermann
Einfluß auf ihn haben könnte, und so sinkt er
immer tiefer und tiefer. Denn hangt sein ver-
                                                        zär-

zärtelter Körper an den Bequemlichkeiten des Lebens; um sein Futter zu erhalten, wird er manchmal zum Bösewicht. Es ist ein grosser Unterschied zwischen Brutalität, wahrer und falscher Politik. Der Rechtschaffne weiß mit Anstand die Sache der Billigkeit zu vertheidigen; seine Politik besteht in Schonung der Menschen, und in der Klugheit, den Zeitpunkt zu benützen. Er sagt Ja, wenn die Wahrheit sein Ja fodert, und Nein, wenn er Nein sagen muß. Er hat Ehrfurcht gegen die Grossen, aber er kriecht nicht; er ist höflich, aber er schmeichelt nicht. Verfolgt ihn die Bosheit, so stählet das Bewußtseyn seinen Muth, sich zu vertheidigen. Er weiß sich gegen ungerechte Anfälle zu schützen, und den Feinden zu verzeihen. Dies ist das Bild des Edlen. Sein Herz hangt nur an der Tugend; er kann alles verlassen, nur den Gedanken nicht; allzeit edel zu handeln: aber unter solche Menschen gehörte Clinbek und der Richter nicht.

Es schickte sich von ungefähr, als Clinbek und der Richter so sprachen, daß der Gerichtsdiener im Zimmer war, und die ganze Unterredung mit anhörte. Der war ein Mensch, von armen Eltern gebohren, hatte eine gute Seele, theilte sehr oft sein Mittagmahl mit den armen Gefangnen, und erleichterte ihnen ihr trauriges

Schick=

Schickſal durch die Obſorge, die er dafür hatte.
Der Richter kannte ihn nicht, und beurtheilte ihn
nach dem Maasſtabe der übrigen Menſchen ſeines
Berufes. Dieſer gute Junge faßte tief jedes
Wort in ſein Herz, und entſchloß ſich, die Un=
ſchuld wider dieſe Böſewichte zu vertheidigen.
Als er abgeſchickt wurde, die unſchuldige Betty
und ihr Kind ins Gefängniß zu führen, ſo ent=
deckte er ihr die ganze abſcheuliche Cabale, tröſtete
ſie, und verſprach ihr, daß er ſelbſt zum König
gehen wolle, um ihm alles zu entdecken. Weine
nicht, ſagte er, deine Thräne ſchmerzt mich: ſie
iſt die Thräne der Unſchuld, und dieſe kann ich
nicht leiden ſehen. Wenn es mich mein Leben
koſten ſollte, ſo will ich dich retten, denn was
kann ich herrlichers thun, als der Retter der ver=
folgten Unſchuld ſeyn. Betty war getröſtet. So
vereitelte die Vorſicht die Entwürfe der Bosheit,
und ſo erleichterte ſie der Unglücklichen die Laſt
der Ketten, und erleuchtete mit dem Strale der
Hofnung die dunkeln Gewölbe des Kerkers. Lillo
hieß der gutthätige Kerkerknecht. Lillo lauerte
auf die Gelegenheit, den König ſprechen zu kön=
nen; er fand ſie, und entdeckte dem Monarchen
die ganze häßliche Geſchichte.

Sogleich gab der Monarch Befehl, die
arme Betty zu entlaſſen. Er ließ ihr bis zur Un=
terſuchung der Sache eine Wohnung bey einer
rechts

rechtschaffnen Frau anweisen, und Lillo nahm sie
einsweilen in seinen Schutz. Denn befahl er
der Justizstelle den ganzen Vorfall nach aller
Genauigkeit und Strenge der Gesetze zu untersu-
chen, und von der Gerichtsstelle aus wurde für
Betty ein Sachwalter ernennt.

Betty lernt die Schwazhaftigkeit der Stadtmenschen kennen.

Nun war die ganze Stadt voll von dieser Geschichte; man sprach von nichts mehr als von
Betty, von Mylord Humfred, von Lillo und dem
Könige. Wissen Sie was Neues? sprach einer
zu dem andern; Sie wissen ja die Geschichte Mylord Humfreds? — — Ja freylich weiß ich sie;
ein sonderlicher Zufall! — —

Der Erste.

Was halten Sie davon?

Der Zweyte.

Ich glaube, daß man aus der Sache mehr
macht, als daran ist.

Der Erste.

Und was denken Sie von dem Lillo?

Der Zweyte.

Der muß ein schlechter Mensch seyn, um
solche Unruhen in eine Familie zu bringen.

Der Erste.

Und Betty. — —

Der

Der Zweyte.

Betty? — Was soll ich von ihr halten?
S'ist ein hübsches junges Mädchen — der König
ist freylich sehr großmüthig — — Sie wissen ja,
daß sie bey der Frau von * * * in der Kost ist
— — man sagt, der König besuche sie täglich. —

Nun gieng es über den guten König los,
und die Schmähsucht hechelte ihn tapfer durch.
Der beste der Fürsten ist nicht frey von Tadel,
und theilte er auch sein Herz mit seinen Unter=
thanen, so werden ihn doch immer die Unzufried=
nen lästern. Seinen besten Absichten wird man
oft schiefe Wendungen geben, weil es nicht in
der Macht des Fürsten steht, alle Menschen glück=
lich zu machen. Um für den größten Theil sei=
ner Unterthanen zu sorgen, ist es oft nothwendig,
daß er dem Privatinteresse Einzelner entgegen ar=
beite, und nun kömmt der Schwarm der Unzu=
friednen, und Schmähsucht und Tadel erheben
sich bis zu dem Throne. Man vergißt, daß
Fürsten auch Menschen sind, und fodert von ihnen
mehr als menschliche Kräfte. Alles das Gute, das
uns von ihnen zufließt, sieht der größte Theil der
Menschen als blosse Schuldigkeit an, und ein
einziger Schritt, der im Ganzen oft gut und
nothwendig ist, aber nach unserm Eigendünkel
uns nicht gut scheint, macht, daß man ohne
Nachsicht alle ihre Handlungen tadelt. Manche
traurige Stunde müssen gute Fürsten haben, wenn
sie zurück denken, wie ungerecht sie von dem
größten Theile der Menschen beurtheilet werden;
wenn sie einsam in ihren Kabinetern sitzen, und
sich sagen: Die Gottheit ist mein Zeuge, ihr
Völker! daß euer Glück mein einziger Wunsch ist;
aber vergeßt ihr denn, daß die meisten von euch
das Glück in der Einbildung suchen, die meisten

in

in der Unterdrückung ihrer Nebenmenschen; wie
kann ich euch also alle glücklich machen, da eurem Herzen die Anlage zum Gefühl des Glückes
fehlt? — — Die Gottheit befahl mir die Sorge
für euch alle — alle seyd ihr ohne Unterschied
meine Kinder. Vertheidige ich nun den Schwächern, so beleidigt meine Vertheidigung den Stärkern; schütze ich den Armen, so muret der Reiche; laß ich dem Reichen einen Vortheil, so
schmäht aus Scheelsucht und Neid der Arme. So
ist meine Lage, ihr Völker! eine Gottheit selbst
kann allen Menschen nicht Recht thun. Denkt,
ich bin einem Vater und Baumeister gleich, der
den herrlichsten Plan zu einem Gebäude entworfen
hat; aber der Baumeister allein kann den ange-
legten Plan nicht ausführen; er muß Paliere,
Maurer, Steinträger und Handlanger haben,
diese wählt er nun aus dem Mittel seiner Kinder, für die er das bequemlichste Gebäude aufführen will. Wenn nun diese seine eigene Kinder
seinem Plane entgegen arbeiten, wenn der unbe-
deutendste Steinträger, statt seine Pflicht zu thun,
müssig dasitzt, oder die Maurer die Anstalten
der Paliere nicht befolgen, sagt, wer ist
Schuld, wenn das Gebäude der Glückseligkeit
nicht empor steigt? — Der Vater, oder die Kinder? — — So ists auch bey euch, ihr Völker!
wenn jeder Bürger auf seinem angewiesenen Po-
sten seine Pflicht erfüllt, seinen Fürsten liebt und
gehorcht, seinem Vaterlande treu ist, sein Amt
mit Ehrlichkeit verwaltet, denn wird bald Seligkeit in den Staaten empor steigen. Wenn bey
dem Baue eines Pallastes keiner des Baumeisters
Plan befolgt, jeder Arbeiter nach seinen Eigendünkel mauert, was würde das für ein Gebäude
werden? — — Und so geht es manchmal auch
im Staate. Der größte Theil arbeitet für sein

Pri-

Privatintereſſe, und folglich nicht für das Intereſſe des Fürſten und des Ganzen, und denn, ihr
Völker! ſeyd ihr ungerecht genug, und klagt euren Fürſten der Folgen an, von denen ihr die
Wirkung ſeyd. — Euch ſelbſt klagt an, und nicht
den guten König, deſſen wohlthätigen Abſichten
ihr ſo oft entgegen ſtrebt. Alles, was euch von
ſeiner Gnade zufließt, ſeht ihr als Schuldigkeit
an, und jeder Verordnung, wo nur im geringſten
das Privatintereſſe eines Einzelnen gekränkt wird,
dichtet ihr Ungerechtigkeiten an. Bildet zuvor
eure Seelen, und findet ihr in eurem Herzen, ihr
Völker! keinen Tadel mehr, denn tadelt den guten König.

So würde ich geſprochen haben, wenn ich
bey den Schwätzern geweſen wäre, die bey Bettys Geſchichte ſo über den König losgezogen ſind;
allein was würde geſchehen ſeyn? Sie würden
meiner geſpottet und gelacht haben; ſie würden
geſagt haben: der Menſch zieht ohne Zweifel eine
Penſion vom Könige für ſeine Apologie. Das
iſt die gewöhnliche Sprache. Man vermuthet
nicht, daß es Menſchen geben kann, die die
Wahrheit um der Wahrheit willen ſagen, und
das thät ich doch, nicht um der Narren willen,
denn Narren ſind der Wahrheit nicht empfänglich,
ſondern ich ſpreche meines guten Mitbürgers wegen, dem ich gerne hellere Begriffe von der Sache
beybringen möchte, damit er gegen niemand ungerecht iſt, beſonders nie gegen ſeinen Fürſten.
Unſere Pflicht thun, uns über den Tadel hinaus-
zuſetzen ſuchen, das iſt unſere Sache. Was ich
euch ſage, iſt zu eurem Wohle. Glaubt mirs
nicht, wenn euch euer Herz nicht davon überzeugt; aber euer Herz wird euch überzeugen, denn
meine Sprache geht aus meinem Herzen zu dem
eurigen, und meine Bilder ſind aus dem Menſchen ſelbſt, nicht aus der Einbildung hergeholt.

Betty erfährt, was Schwazhaf= tigkeit und Ehrabschneiderey in Städ= ten ist.

Neue Vorfallenheiten erregen neue Geschwätze. Von Haus zu Haus wurde Bettys Geschichte er= zählt, und jeder stümpelte was hinzu. Wer die Schwazhaftigkeit in Städten kennt, der weiß, wie es zugeht. Niemand war mehr beschäftigt als die Neuigkeitenauffänger. Ich verstehe hier= unter jene Menschen, die sich mit nichts andern abgeben, als immer Neues und Neues zu erzäh= len, und meistentheils auf Unkosten der Ehre ih= res Nebenmenschen. Sergis war von diesen einer der berühmtesten. Nun, fieng Sergis in den Gesellschaften an, nun! hab ich es nicht immer gesagt, Lord Humfred wird sich noch gewiß die Ungnade des Königs zu ziehen; so ungestraft wird der Monarch die Behandlung der armen Betty nicht hingehen lassen. —

Ein Anderer. -
Verdrüßlichkeiten bekommt Mylord gewiß.
F   Ser=

Sergis.

Verdrußlichkeiten! — Ja, wenn es nur dabey blieb. — Sie werden doch wohl schon wissen, daß der Mylord all seiner Würden entsetzt ist — man behauptet gar, er soll im Gefängniß seyn.

Eine Bethschwester.

Mein Gott! mein Gott! ich wünsche zwar niemanden Böses, — — aber der Mylord — der Mylord bethete nicht gerne; ich sah ihn selten in der Kirche. — So gehts.

Sergis.

Mir ist leid um den guten Lord; ich aß oft bey ihm zu Mittage — aber einsperren hätte er das gute Mädchen nicht lassen sollen.

Ein Frauenzimmer.

Warum nicht? Bey mir hat er recht gethan. Was thut diese Dirne in der Stadt? Wäre sie hübsch auf dem Lande geblieben. Wir haben Mädchen genug in der Stadt. An wen sollte man denn zuletzt unsere Töchter verheurathen? — und über das ist ja hinter dem Mädchen gar nichts.

Sergis.

Wie! kennen Sie's?

Das Frauenzimmer.

O ja! man zeigte sie mir neulich in der Kirche. Es ist gar nichts Nobles in ihrer Phy=

siog=

ſognomie. Eine kleine Stirne, wie eine Ziege;
eine Naſe wie ein Zahnſtocher, und ein Mäul-
chen, wie ein Eichhörnchen — — eine wahre
Katzenphyſiognomie. Ich weiß nicht, wie ſich
der König doch um ſolche Leute intereſſiren kann
— — und ohne Zweifel legt ſie auch Weiß und
Roth auf.

Sergis.

Weiß und Roth — o unfehlbar! ich ſah ſie
neulich in der Straſſe gehen, wo der Parfümeur
wohnt; da hollte ſie ohne Zweifel Contrebande
für ihre Schönheit.

Alle.

Ha ha ha!

Sergis.

Und was denken Sie nun von der würdigen
Dame, zu der der König die Betty in die Koſt
gab?

Ein Frauenzimer.

Ich denke, was ſich von einer alten Dame
denken läßt. Man ſagt, dieſe alte Dame war
in ihren jungen Jahren ganz galant. Es iſt ja
ganz natürlich; wenn man ſelbſt der Liebe nicht
mehr fröhnen kann, ſo macht man ſich doch noch
die Freude, ihr in der Ferne zu opfern.

Ein alter Mann.

Pfui! ſchämen Sie ſich, die Leute ſo ab-
ſcheulich durchzulaſſen. Ich kenne dieſe Dame,

F 2   ſie

sie ist eine ehrenvolle Frau, und verdient diese Erniedrigung nicht.

Da lachte nun die ganze Gesellschaft über den ehrlichen Alten, und als er fort war, giengs über ihn los.

Sergis.

Wenn man alt wird, wird man immer andächtig.

Ein Frauenzimmer.

Andächtig — — da betrügen Sie sich wohl; andächtig ist er gewiß nicht. In seinen jüngern Jahren war er der Cicisbeo der Frau, von der wir eben sprachen. Es ist ja bekannt.

Sergis.

Bekannt — — davon hab ich doch noch nichts gehört.

Eine Dame.

Wie Sie doch so abgeschmackt sind; man kennt ja den Vogel aus dem Gesange.

Sergis.

Itzt wundere ich mich nicht mehr, daß er so warm ihre Parthie nahm — der alte Hagestolz.

Dieses ist so eine kleine Skizze, wie man beyläufig die Menschen bey uns durchläßt. Ich habe genau in verschiedenen Gesellschaften aufgemerkt, und immer mehr Böses als Gutes von

den

dem Nächsten sprechen hören. Der Grund davon liegt in dem ungebildeten, lieblosen Herzen der Menschen. Wir suchen immer die Fehler der andern auf, damit man die unsrigen vergessen möchte. Wir wünschen immer, besser zu scheinen als andere, und sind's um kein Haar mehr; wir fühlen den Werth des Guten, und thun's nicht; wir erkennen das Böse, schmählen darüber und handeln doch böse. Wir muthen unserm Nächsten gar keine edle Absicht zu; alle seine Handlungen legen wir ihm zweydeutig aus, und woher dieses? — Aus Selbststolz, weil wir ihm nicht Gerechtigkeit wollen wiederfahren lassen; weil wir zu schwach sind, um zu sagen: dieser Mensch ist besser als ich; er handelt edler, und denkt richtiger. Wir erkennen nur unsere Verdienste, und sind blind zu den Verdiensten anderer. Daher beneiden wir immer den andern — selbst um das sittliche Gute, das er hat; darinn liegt auch die Ursache der Schwätzhaftigkeit und Ehrabschneidung. Man fängt von Tändeleien an und steigt bis zu den wichtigsten Sachen. Ich beobachtete, daß sich Mädchen wegen einem Haubenbande abscheulich durchhechelten.

Um mich der Charaktere der Menschen wahrhaft zuversichern, machte ich manche Erfahrungen. Ich sagte einigemal im Theater zu dem
nächst

nächst besten Mädchen: Seyen Sie doch so gütig,
und sagen Sie mir Mademoiselle, (oder Freun=
dinn) wer ist denn dieses hübsche Frauenzimmer
dort, das sich so niedlich trägt? — Denn giengs
gleich an. „Diese dort, mit dem grossen Hute,
„oder dem Rosenbande — wer wird sie seyn?
„Ein Mädchen, das gar nicht Ursache hätte, sich
„so zu putzen. Es wäre besser, sie blieb zu Hau=
„se, und arbeitete etwas, als daß sie so in die
„Komödie hereinsitzt. Aber man weiß ja wohl
„warum. Auf ihrem Miste (ein allgemeiner
„Ausdruck) wachsen freylich so schöne Mode=
„hüte und Hauben nicht; aber man weiß auch
„schon, wo sie her sind. Wenn ich es so machen
„wollte, könnte ich auch solche Hüte tragen, aber
„da behüte mich Gott — meine Ehre und mein
„guter Name sind mir viel lieber.‟

Ich. Wissen Sie denn was Böses von dem
Mädchen.

Sie. Böses weiß ich eben nichts; aber man
läßt ja einen auch nicht zusehen. Vermuthen
kann ichs wohl. Es ist ja alles Sünde theuer —
wie wird sich denn ein armes Mädchen so was
selbst kaufen können?

Ich. Sie könnte es ja auch zum Geschenke
bekommen haben.

Sie

Sie. Zum Geschenke! Ja freylich — ohne Zweifel von einem Chapeau, und die sind mir eben die wahren Herrn — sie schenken gewiß etwas umsonst.

Ich. Es muß ja eben nicht ein Liebhaber seyn; es könnte ja von einem Bruder, von einer Baase, von einer Freundinn, oder einer Dame ein Geschenke seyn: oder das Mädchen erspart sichs vielleicht; wer weiß, wie hart es ihr etwa ankömmt. Vielleicht trinkt sie Wasser und darbt, um sich ein kleines, unschuldiges Vergnügen zu verschaffen. Gute Kinder! seyd nachsichtig gegeneinander; ihr wißt nicht, wie sehr man durch eine zweydeutige Rede einem Mädchen schaden kann. Und ich setze, sie hätte den Hut wirklich von einem Liebhaber erhalten, was ist denn an der Sache? Habt ihr denn nicht selbst Liebhaber, und seyd ihr denn so spröde, alles wegzuwerfen, was man euch giebt? Freylich werdet ihr sagen, es ist nicht ohne Ursache. — aber das ist doch nicht allzeit eine böse Ursache. Das Böse muß man niemal vermuthen. Es würde euch auch nicht lieb seyn, wenn man euch wegen einer so gleichgültigen Sache eine üble Nachrede hielt. Ich bin euch gut, ihr Kinder! weiß wohl, euer Herz ist nicht allzeit Schuld daran, aber eure Wäschhaftigkeit — o pfui! die müßt ihr euch abgewöhnen.

nen. Hört! ich will euch über eure Schwätzhaftigkeit ein launigtes Ding erzählen, das ich neulich so auf euch zusammen stoppelte.

Der Modehut.

Aus Frankreich kam zum Isarstromm,
   ein Marchand angefahren
sein alter Gaul war grau, und fromm,
   und er von besten Jahren.
Er lößte Geld und reißte froh
mit seiner Frau inkognito.

Monsieur Ruban, so hieß der Herr,
   die Frau hieß Madam Gode;
aus Lyon kam er grad hieher,
   und brachte neue Mode.
Sie reißten durch die weite Welt,
verkauften Tändelein um Geld.

Drey Meilen hinter Dietramsbach,
   da liegt ein grosser Flecken;
er giebt der größten Stadt nichts nach.
   an Narren und an Gecken;
dort kömmt aus Liebe zum Gewinn
die Mode Caravanne hin.

Sogleich ließ er in Folio
   den grossen Zettel drucken.
Jasmin, Pomade, Coclico,
   Gaß, Bänder und Perucken:
Mit einem Wort, was putzt und schmückt,
war auf dem Zettel abgedruckt.   Was

Was man bey Monsieur le Ruban
    im Gasthof bey den Mohren
an Modewaaren haben kann
    ganz neu und auserkohren.
nebst auch den nächsten Preis im Geld
war alles richtig hergezählt.

Die Zettel waren um und um
    von Haus zu Haus getragen
voll Freude war das Publikum,
    so pflegte man zu sagen.
Willkommen ist in jedem Land
ein neuer Hut, ein neues Band.

Die Mädchen waren herzlich froh
    und säumten nicht zu laufen,
und suchten ihre Herrn Chapeaux,
    um etwas einzukaufen.
Und dieses kränkte manchen sehr,
denn vielen war der Beutel leer.

Das schönste Stück, das war ein Hut
    besteckt mit tausend Federn;
er glänzte, wie die Morgenglut,
    und hob sich wie in Rädern;
er war nach wahrer Persertracht
aufs allerkünstlichste gemacht.

Es stieg ein ganzer Saal empor
    und hundert Papageien

ver=

verhüllt in Spitzen und in Flor,
  die hörte man fast schreien,
und alles, wie mans noch nie sah,
war lebhaft und natürlich da.

Dem Magistrat, dem fiel nun ein
  der herrlichste Gedanken;
wo, sprach er, so viel Mädchen seyn,
  da giebts nur Stof zum Zanken,
denn, sagt er, ja ganz sicherlich
will jede diesen Hut für sich.

Um jedem Zank und Zwistigkeit
  vernünftig vorzubeugen,
so wollen wir aus Höflichkeit
  uns generös bezeugen;
für alle Mädchen aus der Stadt
hängt nun der Hut in dem Senat.

In pleno des confilii
  war itzt die grosse Frage
des Burgermeisters Incliti,
  wer nun das Hütchen trage?
und jedem Mädchen aus der Stadt
bewilligt ihn der Magistrat.

Nur war noch die Kondition
  ins Protokoll getragen,
man giebt was weniges davon
  an Fest und Feyertagen;
denn leiht man ihn von Haus zu Haus
für jedes gute Mädchen aus.   Doch

Doch kaum sah man im Publiko
   den Hut in allen Gaſſen,
ſo ward das arme Mädchen ſo
   erbärmlich durchgelaſſen,
ſo, daß die ihn zum erſten trug,
ſich ihre Bruſt vor Zorn zerſchlug.

Der zweyten ward auch Schimpf gethan,
   und eben ſo der dritten;
da fiengen ſie ganz höflich an
   den Hut ſich zuverbitten
und ſeit der üblen Laune her
trägt keine dieſen Hut nicht mehr.

So ſind die Mädchen, um ein Band
   verfolgen ſie und haſſen,
man denkt, der Mann hat mehr Verſtand,
   und kann ſich eher faſſen,
doch nein, ſie haſſen eben ſo,
um ein gelehrtes Cocliko.

Sehr ſchwach ſind ja in dieſem Fall
   die meiſten Herrn Authores,
es hecheln ſich ja überall
   die guten Herrn Doktores,
oft gilt ihr ganzer Authorſtand
nicht ſoviel als ein Haubenband.

   Man ſchwätzte noch verſchiedenes über Bet=
ty's Geſchichte; endlich aber, wie es gemeinig=
                                          lich

lich geht, wurde alles auf einmal stille. Ein neuer Vorfall verdrängt immer den alten, und glücklich der, wenn er eine Narrheit begeht, den rechten Zeitpunkt errathet, in dem noch eine größere begangen wird, denn man wird bald die seinige vergessen. Nachdem der erste Tumult vorüber war, und man schier in der ganzen Stadt gar nichts mehr von Betty sprach, denn kam die Zeit der Reflexion der Politiker, die in Bettys Geschichte verwickelt waren. Lord Humfreds Sachwalter ließ sich bey dem Lord melden, und bath um eine Unterredung. Man ließ ihn vor.

Falsche Politik der Sachwalter.

Der Advokat.

Nun ist der rechte Zeitpunkt, Mylord, daß ihre Sache bey dem Gerichtshofe betrieben wird.

Mylord.

Nun? Warum so spät? Sie wissen, wie der König aufgebracht ist.

Der Advokat.

Mylord! man muß die Sache mürbe werden lassen. Unzweifelbar würden Sie in den ersten Tagen bey dem Gerichtshofe verlohren haben, denn alle Gemüther waren gegen Sie aufgebracht, alles nahm Antheil an Betty: dieser Zeitpunkt ist nun vorüber; die Empfindungen des Pöbels erlöschen bald, und der Antheil, den das Volk an einem Unglücklichen nimmt, gleicht einem Champagner Rausch, der bald vorbey ist.

My.

Mylord.

Sie reden klug.

Advokat.

Zeit und Erfahrung machen den Menschen klug. Ich versichere Sie, Mylord! daß ich mehr Prozesse durch Klugheit als durchs Recht gewonnen habe, und so hoffe ich auch den ihrigen zu gewinnen.

Mylord.

Das würde das Meisterstück ihrer Wissenschaften seyn.

Advokat.

Ich zweifle nicht, Mylord! Ich habe verschiedene Plane entworfen; jeder ist gut, nur die Wirkung von jedem ist verschieden. Ich lasse Ihnen die freye Wahl. Hier diesen kleinen Plan, den Sie sehen, nenne ich den Plan der Verewigung: das heißt, die Kunst, die Streitsache so einzuleiten zu wissen, daß sie nie ausgeht. Der zweyte Plan ist der des geheimen Verständnisses, das will sagen: die Kunst, den gegentheiligen Anwald auf meine Seite zu bringen, so, daß er nur dem Scheine nach wider mich arbeitet, und in der That mit mir verstanden ist.

Lord.

Wie kann das geschehen?

Advokat.

Sie können fragen? — Das geschieht durchs Geld.

Lord.

Lassen Sie weiter hören.

Ad=

Advokat.

Der dritte ist der Plan des Tantalus.

Lord.

Was will das sagen?

Advokat.

Sie wissen ja aus der Göttergeschichte, daß Tantalus immer die besten und schönsten Speisen vor sich sieht, und diese sich seinen Händen entziehen, so bald er sie zu haschen glaubt: so muß auch meine Gegenparthey immer den Gewinn der Sache vor ihr haben, und doch in der Exekution nichts erhalten. Dieses Studium ist aber mühsam; ich habe manchmal viele Nächte daran gewendet.

Lord.

Ich sehe, daß Sie tiefe Einsichten haben.

Advokat.

Dessen kann ich mich ohne Ruhmredigkeit schmeicheln. Auch kenne ich den Charakter der Magistratspersonen. Ich kenne die schwache Seite von jedem, und weiß sie zum Vortheil meiner Parthey zu benutzen. Bey dem Empfindsamen stehen mir die Thränen in den Augen; bey dem Gerechten klage ich über mein Schicksal, das mich verurtheilt hat, eine solche caulam zu vertheidigen. Ich lobe seine Gerechtigkeitsliebe, und lache in meinem Herzen darüber, denn ich suche entweder eine Gelegenheit, daß so ein Mann zur Zeit des Vortrags der Sache mit einem andern Geschäfte beladen wird, und wo nicht, daß ich doch die Mehrheit der Stimmen für mich habe. Bey dem Eigennützigen empfehl ich mich durch Geschenke; den Furchtsamen suche ich zu schrecken;

den

den Unerfahrnen zu belügen, und so habe ich die
Aussprüche der Richter in meinen Händen.

Lord.

Ich sehe wohl, daß Sie sehr tiefe Kennt=
nisse und Einsichten haben: aber wie vereinen sich
all diese Sachen mit den Grundsätzen eines ehrli=
chen Mannes und der Religion?

Advokat.

Kann ich diese Grundsätze nicht mit dem ehr=
lichen Manne und der Religion vereinen, so ver=
eine ich die Religion und den ehrlichen Mann mit
meinen Grundsätzen, das will sagen: ich schnitze
den ehrlichen Mann und die Religion so lange zu,
bis sie in mein System einpassen, und wenn sie
auch so verstümmelt werden, daß schier nichts
mehr davon übrig bleibt.

Lord.

Das ist treflich. Sie glauben also nicht, daß
ich mir in dieser Sache ein Gewissen machen darf?

Advokat.

Im geringsten nicht. Es kann alles optima
conscientia geschehen. Man muß sich nur ein
gewisses dictamen zu machen wissen.

Lord.

Aber zur Sache. Auf welche Art glauben
Sie wohl, daß diese Geschichte am besten zu en=
den wäre?

Advokat.

Ich dächte, Sie schlügen gleich einen vor=
theilhaften Vergleich vor: hiedurch werden Sie
nicht allein die Gnade des Königs, als auch die
Gunst

Gunst der Richter und den Beyfall des ganzen
Publikums für sich haben. Man muß immer
Großmüthig scheinen wollen, wenn man es auch
nicht ist. So geben Sie der Betty alte verlegene
Papiere, Obligationen, die nicht mehr einzukaßi-
ren sind, oder versichern ihr Kapitalien, worauf
andere schon Ansprüche haben, so, daß sie wenn sie
die Gelder erheben will, keinen Kreuzer bekömmt,
daß ihr von allen Seiten nichts als Widerspruch
und Prozesse über den Hals fallen.

Lord.

Ihre Rathschläge gefallen mir aber wirklich
nicht recht. Mein Freund! verlassen Sie diese
Grundsätze, wenn der König hinter ihre Schliche
kömmt so — —

Advokat.

Gut! wenn Sie meine Dienste nicht gebrauchen wollen, so diene ich wider Sie. Gott weiß
— es ist zwar das erstemal, daß ich eine gerechte Sache vertheidige, ich will mir sie aber so
angelegen seyn lassen, daß ich Ihnen zeigen werde, wer ich bin, Mylord! Glauben Sie aber
nicht, daß ich der Sache willen dießmal gerecht
seyn werde, nein! ich will nur gerecht seyn, mich
an Ihnen, Mylord! wegen ihrer Beleidigung zu
rächen.

Lord.

Besänftigen Sie sich — besänftigen Sie
sich. Nun, nu! es ist schon wieder gut, alter,
lieber Hausfreund!

Nun war die Sache ausgemacht. Der Prozeß wider Mylord Humfred fieng an, und war
bereits im Gerichtshofe entschieden.

Ueber Betty und Lord Humfrey
wird das Urtheil gesprochen.

Es ist ein wunderliches Ding um die Gerech=
tigkeit der Menschen; selten entscheiden die Gesetze,
meistentheils die Meynungen, die die Richter von
den Gesetzen haben — auch manchmal die Lei=
benschaften. Die Sachwalter haben die Verthei=
bigung der gerechten Sache zum Brodstudium ge=
macht, und verfielen daher auf Spekulationen zu
gewinnen. Die erste Frage ist immer: wie ist die
Sache zu verlängern, zu verdrehen? Wie ist die
Sache in Verwirrung zu bringen, oder wenn es
etwas einträgt, zu verewigen? Wie kann das
Recht Unrecht, und das Unrecht Recht werden?
Wie kann man aus einem Prozesse zween machen?
und wie ist es anzugehen, daß Kinder und Kinds=
kinder noch zu streiten haben? Nach solchen Pla=
nen arbeitete auch Lord Humfreds Sachwalter,
der in sich selbst nichts als ein blosser Rabulist
war. Als er Lord Humfred verließ, reuete es
ihn wieder, daß er ihm den Vorschlag zu einem
Vergleiche gemacht hatte. Das war dumm, fieng
er an; ich hab da ganz wider mein gewöhnliches

G   System

Syſtem gehandelt; ich hätte dem Lord zu keinem
Vergleiche rathen ſollen; obwohl meine Meynung
nie anders war, als einen ſolchen Vergleich vor=
zuſchlagen, woraus ſelbſt wieder hundert Prozeſſe
entſpringen könnten, ſo hätte ich doch klüger ge=
handelt, ehevor hundert Prozeſſe zu machen, und
denn erſt den Vergleich, daraus wieder hundert
Prozeſſe ſich ergeben, am Ende vorzuſchlagen: al=
lein was iſt nun zu thun? — — Hier ſetzte er
ſich nieder, und berechnete, ob es keine actiones
præjudiciales, foridelinatorias gäbe, oder andere
dergleichen aus der Sache zu preſſen wären, die
den Stritt verlängern und verzögern könnten;
wie erſchrack er aber, als er zum Gerichtshofe
citirt wurde, und hörte, daß der König ſelbſt
bey Unterſuchung dieſer Sache gegenwärtig ſeyn
wollte.

Der Rath war verſammelt, und in der Ge=
richtsſtube herrſchte ehrfurchtsvolle Stille. Der
König ſaß ernſthaft auf dem Tribunale, und,
nachdem er verſchiedene Meynungen über die Sa=
che gehört hatte, fieng er ſo an:

Ich ſehe meine Herrn, daß einige von ihnen
die Sache nicht recht einnehmen; andere ſcheinen
von der Parthey des Lords zu ſeyn; und wieder
andere, die ich hier im Rathe anzutreffen hofte,
erſcheinen gar nicht: ich will, daß ſie kommen.

Nun

Nun hollte man die Abwesenden.

Der König.

Warum, meine Herren! erschienen Sie heute nicht beym Rathe?

Einer davon.

Verzeihen Eure Majestät! wichtige Vorfallenheiten hinderten mich.

König.

Das ist eine kahle Entschuldigung; reden Sie ungescheuht.

Der nemliche.

Weil es Eure Majestät so befehlen. Ich wußte, daß man heut über Lord Humfreds Sache entscheiden sollte; ich wollte daher bey dieser causa nicht gegenwärtig seyn, weil ich ganz gewiß war, daß jeder Theil seine Parthey haben würde. Ich konnte des Lords Verfahren in meinem Herzen nicht billigen, und würde also meine Stimme wider ihn gegeben haben: allein, grosser König! die Menschen sind und bleiben Menschen. Nach dem natürlichen Gange der Sache würde vielleicht Lord Humfred, der eine grosse Parthey für sich hat, gewonnen haben; wo ist nun der Mensch, besonders der Reiche, der dem Richter die Gerechtigkeit widerfahren läßt, er habe mit Recht verlohren; meistentheils beschuldigt der Verlierende den Richter einer Unge-

G 2   rech-

rechtigkeit. Der Lord ist mächtig; ich bin arm,
und habe eine Familie; ich wollte mich dem Haſ=
ſe dieſes Mannes nicht ausſetzen; aber doch hatt'
ich auch zu viel Redlichkeit, um in einer gerech=
ten Sache wider mein Gewiſſen zu ſprechen, und
erſchien daher gar nicht im Rathe.

König.

Schwacher Menſch! du glaubſt alſo, du
hätteſt nicht wider dein Gewiſſen gehandelt? Haſt
du nicht der gerechten Sache eine Stimme ent=
zogen? Hätte dein Urtheil, deine Beweggründe
nicht vielleicht andere auf deine Meinung bringen
können? Auch du haſt Antheil, wenn je ein un=
gerechter Ausſpruch wider Betty erfolgt. Der,
der bey dem Leiden der Unſchuld ſchweigen kann,
trägt ſoviel Schuld an ihrem Verderben, als der,
der ſie verurtheilt.

Als der König ſo ſprach, erhob einer von
den Räthen ſeine Stimme. Verzeih'n Eure Ma=
jeſtät! ſagte er, daß ich hier die Parthey dieſes
Mannes nehme; ich denke gerade, und ſcheue
den Groſſen und den Reichen nicht; getraue mir
ihm ins Geſicht zu ſagen: du haſt Unrecht; wenn
er Unrecht hat: aber was ſind die Vortheile mei=
ner Denkungsart? — Ich lebe unter dieſem
Schwarme von Menſchen; man weiß ihren Ein=
fluß auf die wichtigſten Geſchäfte, und wie oft
bin ich in dem billigſten Begehren zurückgewieſen
wor=

worden, weil man mich als einen Starrkopf aus=
schreit, der alle krumme Wege gerad machen
will; als einen Mann, der wider den Stromm
schwimmt. Was war mein Vortheil? — Ar=
muth und Verfolgung. Ich kann sie leicht ertra=
gen; ich habe keine Familie, mit meinem Leben
hört meine ganze Existenz auf: aber dieser Mann,
mit dem Eure Majestät sprechen, hat Kinder. —

König.

Meine Pflicht ist, sie zuversorgen, denn um
der Gerechtigkeit willen soll keiner meiner Bürger
leiden. Aber warum klagt man und sucht nicht
Hilfe bey mir, der ich so gern ganz euer Vater
seyn möchte?

Ein Rath.

Eure Majestät sind Vater, das ist gewiß;
alle ihre Unterthanen sollten aber auch ihre Kin=
der seyn, folglich wären wir alle Brüder; denn
wäre der Zutritt zum Vater leicht, der Bruder
würde den Bruder dahin führen: aber so sind
Eure Majestät auch König, und Könige umgiebt
Macht und Größe; Macht und Größe erzeugen
Sklaven, und diese hören auf, Brüder zu seyn,
und versperren dem Elende und der Armuth den
Zutritt zum Thron.

König.

Sie sollen ihn aber nicht versperren; ich
will zeigen, daß der Name eines Königs für
mich

mich keinen Werth hat, wenn ich nicht zugleich
auch Vater meiner Unterthanen seyn kann. Aber
zur Sache!

Hier setzte sich der Rath: und nach einer
Pause fieng der König an:

Ich klage im Namen der Menschheit vor den
Gesetzen des Landes den Lord Humfred einer
schändlichen That halber an, und fodere Recht
im Namen der Unterdrückten.

Nun erzählte der König die Geschichte; die
Rechtsanwälde sprachen pro & contra, und der
Rath entschied: daß der junge Lord Humfred
schuldig seye, die entehrte Betty zu heurathen,
und ihr Kind als das seinige zu erkennen und zu
erhalten, und die Gerichtskosten zu ersetzen.

Unbillig, ihr Richter! fieng der König an,
ist euer Ausspruch nicht; aber gerecht kann ich
ihn doch nicht nennen. Ihr habt eine Menge
Sachen übersehen. Nun will ich entscheiden.
Der junge Lord soll die Betty heurathen: das ist
keine Strafe für den Verbrecher, das ist Strafe
für die Unschuld. Ihr wollt das unschuldige
Mädchen an einen Mann ketten, der sie verab=
scheut; ihr wollt durch euren Ausspruch dem Kin=
de einen Vater geben, der kein Vaterherz hatte.
Betty wird ein gutes Weib werden; aber Lord
Hum=

Humfred ist ihrer nicht werth; er soll die Strafe
fühlen, sie zu vermissen. Der süsse Name eines
Vaters soll nie von den Lippen des Kindes in
seine Ohren tönen. Ich erkenne; Lord Humfred
ist unwürdig Betty's Gatte nnd der Vater ihres
Kindes zu seyn. Er ist ein stiller Mörder, denn
Betty wäre mit ihrem Kinde verschmachtet, wenn
nicht beyde der menschenfreundliche Lillo gerettet
hätte. Lord Humfred ist ein stiller Henker; er
soll daher ein öffentlicher werden; auch er und
sein Vater sind Schuld an der abscheulichen That,
die der Bösewicht Clinbek an ihr verübt hatte,
der es dahin zubringen mußte, daß sie eingeker=
kert wurde. Es war eben nicht der Wille des
alten Lords; aber es ist doch seine Schuld, weil
er solche kriechende Insekten um sich duldet, die
auf das Zutrauen seines Schutzes Böses ausüben.
Ich verurtheile daher diesen abscheulichen Böse=
wicht, Clinbek, zum Strange, und weil er im=
mer so ein kriechender Wurm war, der sich heu=
chelnd vor den Grossen und Reichen bückte, um von
ihnen erhoben zu werden, so befehle ich, daß
ihn der junge Humfred aufhenken soll. Lord
Humfred soll ein öffentlicher Henker werden,
denn er war der stille Henker der armen Betty.
Lord Humfreds Anwald, der es wagte, einen
abscheulichen Vergleich vorzuschlagen, um die
Unglückliche noch unglücklicher zu machen — die=
ser

ser elende Sachwalter, der seinen Verstand zum
Unglück der Parthey mißbrauchte, der soll mit ei=
nem Ochsenjoche an der Stirne den zum Strang
verurtheilten Bösewicht auf dem Karrn zum Gal=
gen ziehen, damit er sich doch auf seinem Tod=
bette sagen kann: das war die erste gerechte
caussa, die ich führte. Lillo soll für seine That
erhoben und belohnt; die Güter des Lords con=
ficirt, und der Betty und ihrem Kinde zuerkennt
werden.

Dieses ist mein Urtheil; als Richter steht es
mir nicht zu es zu mildern; wenn Betty es mil=
dern will, die die Beleidigte ist, so können die
Gesetze nichts einwenden. So sprach der König,
und das Urtheil wurde publizirt. Da stürzte die
arme Betty zu den Füssen des Königs, und bath
für den Vater ihres Kindes. Das Urtheil wurde
daher für Lord Humfred gemildert, weil sie ihn
selbst zum Gatten wählte. Er erwachte aus sei=
nem Taumel, und eilte in die Arme der verlas=
senen Betty. Auch für Clinbek und den Sach=
walter wollte sie bitten; aber der König antwor=
tete ihr: Es stund bey dir, gutes Mädchen! den
Ausspruch der Gesetze, der dir Gerechtigkeit ver=
schafte, zu mildern; aber die Gesetze, die der
ganzen Menschheit Genugthuung schuldig sind,
lassen sich auf deine Bitte nicht ändern. Diese
Ge=

Genugthuung geschieht nicht für die beleidigte
Betty, sondern für die beleidigte Menschheit.
Clinbek und der furchtsame Richter, der Betty so
unmenschlich behandeln ließ, wurden daher auf
einem Karren, in welchem der Sachwalter einge=
jocht war, zum Galgen geführt, und endeten
dort durch den Henker ihr Leben.

Betty lebte glücklich in Humfreds Armen;
der Lord verließ die Stadt, und fand das wahre
Vergnügen des Lebens im Schoose der Natur,
und das Volk schrie: Preis und Lob dem gerech=
ten Könige!!

Mein Traum
in einer
Frühlingsnacht.

Unfreundlich sah das Wetter aus,
   der Himmel war ganz trübe:
da sang in Nachbar Hansens Haus
   ein Mädchen von der Liebe.

Schön sang es wie die Nachtigall,
   und ihre schönen Töne
entlockten durch den sanften Schall
   mir manchmal eine Thräne.

Bey

Bey Gott! mir war so wunderlich,
 ich kann es selbst nicht sagen:
es däuchte mir, als regte sich
 mein Herz zu ihren Klagen.

Ach! ihrer Stimme sanfter Klang
 war, wie der Heilgen Bethen:
und daß mit ihr ein Engel sang,
 das wollte ich schier wetten.

Ich stell' den Abend mir noch vor,
 als wenn es heute wäre:
noch klingts mir immer vor dem Ohr,
 und noch fließt manche Zähre.

Mein Martin! fieng das Mädchen an,
 kannst du so lang verweilen?
Komm doch, komm bald, geliebter Mann!
 mir meinen Schmerz zu heilen.

Du weißt, ich lebe nur für dich,
 für dich leb. ich hienieden,
und ohne dir ist sicherlich
 mein Schicksal schon entschieden.

Verläßt du mich, so will ich mir
 mein Grabe, Martin! suchen:
doch aber wird dein Mädchen dir
 Treuloser! niemal fluchen.

Wie

Wie oft hab ich an dich gedacht!
    du weißt nicht, was ich fühle!
So sang sie; es war Mitternacht,
    und alles war nun stille.

Mit Wolken war der Mond verhüllt,
    der Himmel drohte Regen:
doch Hannchen, die nur Liebe fühlt,
    die lächelt ihm entgegen.

Du Freund! so sang sie weiter fort,
    du Freund der sanften Triebe,
geliebter Mond! horch auf mein Wort,
    und segne meine Liebe.

Ich sah zum Fenster stetts hinaus
    in meines Nachbars Garten,
und schlich mich denn aus meinem Haus,
    den Ausgang abzuwarten.

Unweit von Hannchens Schlafgemach
    stund eine grosse Linde:
da wo sie oft mit Martin sprach —
    auch gar bey Sturm und Winde. —

Da stellt' ich mich in Hinterhalt
    dem Fenster gegen über.
Die Nacht war ganz verteufelt kalt,
    das Wetter immer trüber.

Zuletzt fiengs gar zu blitzen an,
  und wirklich — mir zum Possen! —
als hätt' man mirs zum Trotz gethan
  warfs schuffergrosse Schlossen.

Ich ward recht tapfer hergebläut,
  und redlich abgedroschen;
und fand zu meiner Sicherheit
  nicht einmal einen Boschen.

Ich wollte in mein Haus zurück;
  da war die Thür verschlossen.
Ich fluchte nun mit Galg und Strick
  auf alle Liebespossen.

Doch faßt' ich mich bald wiederum;
  der abentheurer Plagen
sind wie in jedem Säkulum
  auch schwer in unsern Tagen.

Naß und vom Regen zentnerschwer
  sah ich auf Haunchens Zimmer;
und sah und hörte nun nichts mehr,
  und horchte dennoch immer.

Gut Nacht! so dachte ich mir nun;
  das Mädchen gieng zu Bette.
Schlaf wohl! sanft sollst du Gute! ruhn
  bis zu der Morgenröthe.

                    Nun

Nun kletterte ich auf den Baum
  ein Lager mir zu machen:
doch war ich auf den Aesten kaum,
  schon hörte ich ein Krachen.

Man sprengt die Gartenthüre ein
  durch wiederholltes Stossen.
Ein Wagen fuhr die Strass' herein
  bespannt mit falben Rossen.

Ein Junker springt ganz rasch heraus,
  hintnach sein Kammerdiener,
und näherten sich Hannchens Haus:
  ich sahs beym Mondenschimmer.

Recht gut! so fieng der Junker an,
  wir wollen sie entführen:
der dumme Töffel Martin kann
  hierüber wohl krepiren.

Nun ist er gut zu Haus versperrt;
  wie wird der Kerl fluchen,
wenn er von der Geschichte hört,
  und will sein Mädchen suchen!

A mon honneur! der Tölpel soll
  von ihr nichts mehr erfragen:
doch, Kammerdiener! glaubt ihr wohl,
  die Sach sey nun zu wagen?

Der

Der Diener macht ein Reverenz,
  und sprach: es geht gleich weiter:
nur halten Eure Exzellenz
  ein wenig mir die Leiter.

Nun gieng es auf ein Steigen los
  bis an des Zimmers Fenster,
das öffneten sie durch den Stoß,
  wie wilde Nachtgespenster.

Was heißt doch das, bey meiner Seel'e!
  que font – ils? quel diable!
zu rauben eine demoiselle
  das ist nicht raisonable.

Schon waren sie im Schlafgemach,
  da gab der Zorn mir Flügel:
ich eilte ihnen hastig nach
  mit einem grossen Prügel.

Schon fieng das Mädchen an zu schrein;
  sie wollten sie schon rauben:
da kam ich auch zum Fenster n'ein,
  sie tüchtig abzuklauben.

Was, Teufel! fieng ich schrecklich an,
  ist das für eine Mode!
Ein Schurk ists, der so handeln kann,
  ich schlag euch alle todte.

Das

Das Mädchen ist ein gutes Kind;
    was habt ihr hier zu machen?
Ich schlag' euch alle lahm und blind,
    daß euch die Ribben krachen.

Ihr Junker, ohne Ehr und Muth!
    schreibt gleich hier etwas nieder:
gebt diesem Kind ein Heurathgut
    und kömmt mir so nicht wieder.

Wo nicht, so kommt ihr aus dem Haus
    für wahr bey meiner Ehre
nicht ohne Prügeltracht hinaus,
    und wenns der Teufel wäre.

Da zitterte, der Herr Baron
    bath höflich um Vergeben;
versprach, erhielt er nur Pardon,
    gern etwas herzugeben.

Mit Mädchen Ehre scherzt man nicht,
    sprach ich ganz ungeduldig:
Versorgt sie, das ist eure Pflicht,
    ihr seyds dem Mädchen schuldig.

Glaubt ihr, weil ihr ein Junker seyd,
    und ein verwegner Kautze,
sey jedes Mädchens Ehrlichkeit
    ein Ding für eure Schnautze?

Ich

Ich nahm das Mädchen denn in Schutz,
   die mich mit Küssen lohnte;
und bothe dem Verwegnen trutz,
   der sie mir nehmen konnte.

Denn eilten wir zu Martin hin;
   ich gab ihm seine Schöne:
er lächelte und mein Gewinn
   war eine Menschen Thräne.

Der Wonne, die ich da genoß,
   gleicht nichts an Seligkeiten;
der Dankesthräne, die da floß,
   gleicht nichts an Süssigkeiten.

Und endlich bin ich aufgewacht;
   ich fühlte, die Geschichte
war nur in einer Frühlingsnacht
   ein blosses Traumgesichte.

Und doch — wie selig waren mir
   der reinsten Freude Keime!
Gieb grosser Gott! ich fleh zu dir
   mir öfter solche Träume.

Narva, eine Erzählung.

Narva der Jüngling wird von dem weisen Jbar erzogen.

In Tauris wüthete die Pest, und Hussan lag
krank darnieder. In den letzten Tagen seines Lebens ließ er einen der Weisen zu sich rufen, der
sein Freund war, und entfernt von der Stadt
seine Hütte auf dem hohen Gebürge bauete, wo
er abgesondert von Menschen lebte. Jbar, so
nannte sich der Weise, kam zu seinem Freunde,
und Hussan reichte ihm seine sterbende Hand,
und fieng so zu ihm an: Ich vertraue dir alles,
was mir theuer ist, ich vertraue meinen Sohn
deiner Obsorge. Entreiß' ihn den Gefahren, die
ihm in dieser Stadt drohen, unterrichte ihn in
der grossen Kunst glücklich zu seyn, denn Erfahrung lehrte mich, daß die meisten Menschen nur
darinn unglücklich sind, weil sie die Kunst nicht
wissen, glücklich zu leben. Ich hinterlasse meinem Sohne viele Schätze und einen grossen Reichthum. Hier auf diesem Papiere ist der Ort ver-
zeichnet, wo sie liegen; aber ich bitte dich, Jbar!

H   ver-

verſchweige ſie meinem Sohne, bis ſein Herz ge
bildet iſt, denn ich will nicht, daß er in Gold
und Schätzen ſein Glück zu finden glaube. Ich
bin dem Tode nahe, und fühle daher deutlich,
daß es ſonſt kein wahres Glück hienieden giebt
als die Tugend. So ſprach Huſſan und ſtarb.
Sein Sohn Narva entfernte ſich bald von
der Hauptſtadt der Provinz Aderbyon, und auf
dem Gipfel des Berges Töro, wo der Einſiedler
wohnte, verlebte er die erſten Tage ſeiner Jugend.

Früchte pflanzen, Kräuter ſammeln war
Narva's Beſchäftigung, und die Auferziehung, die
ihm Ibar gab, war einfältig und ungekünſtelt.
Er wiederhollte ihm täglich den Wahlſpruch: Sey
gutthätig und du wirſt glücklich ſeyn.
Täglich verſammelten ſich eine Menge armer
Menſchen am Fuſſe des Berges, und empfiengen
Früchte und Brod aus Narvas gutthätiger Hand.
Der weiſe Ibar ſelbſt vertheilte Allmoſen unter
ſie, und zeigte dem jungen Narva durch Bey-
ſpiele, welche Wonne ein Menſchenherz fühlen
kann, wenn es gutthätig iſt. Jeden neuen Tag
arbeitete Narva mit neuem Fleiße; täglich pflanzte
er neue Bäume, und bearbeitete bde Erdreiche,
um ſeine Früchte zu vermehren, um noch mehr
wohlthätig ſeyn zu können.

Ibar

Ibar überzeugte sich bald, daß Narva die Zeit seines Lebens durch wohlthätig seyn werde; Sohn! sagte er daher eines Tages, was würdest du thun, wenn die Gottheit dich mit Reichthum und Schätzen überhäufte? — Kannst du wohl fragen, guter Ibar! erwiederte der Jüngling; ich würde mich glücklich schätzen, in der Lage zu seyn, den Elenden zu unterstützen, und dem Hilflosen zu dienen; für mich, theurer Ibar! wünsche ich mir nichts als Gesundheit, Stärke zur Arbeit, und das Vergnügen immer wohlthun zu können. Ich wollte dem Elenden sagen, sieh! hier ist Hilfe; sey glücklich und weise wie Ibar.

Ibar.

Wohl mein Sohn! — Morgen, ehe die Sonne den Gipfel unsers Berges beleuchtet, so sollen Schätze und Reichthum zu deinem Befehle seyn. Glücklich der Arme, der Schwache, und Unterdrückte! — Du Narva wirst ihnen sagen können: Trocknet eure Thränen; Narva ist bey euch; erwachet über euer Glück; er ist die Stütze der Fallenden, und der Trost der Leidender.

Voll edlen Gefühles legte Narva sich zur Ruhe, denn die Sterne glänzten schon am Himmel. Ruhig war sein Schlaf, wie der Schlummer eines Engels, der die Hülle eines Menschen trägt;

trägt: und sein Puls schlug sanft, denn keine
unedle Leidenschaft empörte seine ruhig fliessende
Säfte.

Eine Betrachtung in der Nacht.

Groß und edel ist unsere Bestimmung, ihr
Menschen! in der Kette der Dinge sind wir an
der höchsten Stuffe der erschaffenen Wesen auf
dieser Körperwelt. Wir grenzen schon an den En=
gel, und das Gefühl unsrer Seele schwingt uns
schon zum Geist empor, wenn gleich die schwere
Masse des Körpers uns noch zurück hält. Un=
endlich sind die Fähigkeiten, die in uns liegen;
unendlich die Wege des Fortganges zu höherer Be=
stimmung — zur Vollkommenheit — zur Aehn=
lichwerdung der Gottheit. Alles verkündiget uns,
daß wir Wanderer hienieden sind, und der, der
seine Bestimmung fühlt, verweilet sich nicht auf
dieser Reise, sondern er eilt fort auf den Wegen,
die die Vorsicht ihm vorzeichnete, und erwartet
den Wink des Ewigen.

Dem Körper nach sind wir Thier, und der
Seele nach unsterbliche Geister. Sinnlichkeit und
Verwesung sind der Antheil unsrer Hülle, die uns
deckt; Freyheit und Unsterblichkeit ist das, was
unser Geist erwartet. Wie mehr der Mensch am
Körperlichen hangt, desto mehr ist er Thier; je
mehr

mehr der Mensch dem Geistigen nachstrebt, wie mehr nähert er sich dem Engel. Es giebt daher tausend und tausend Gradationen vom Unvollkommensten bis zum Vollkommensten, vom Thiermenschen bis zum Geistmenschen, von dem, der den Abstand vom Thier zum Menschen, und von dem, der den letztern vom Menschen zum Engel macht.

Fortgang zu höherer Vollkommenheit ist Gutes — wahres Gute — und das wahre Gute unsere Bestimmung. Religion und Offenbahrung lehren sie uns kennen. Tugendhaft seyn heißt, vollkommner werden — vollkommner werden, heißt sich der Gottheit ähnlicher bilden — sich der Menschenbestimmung mehr nähern — mehr zur Einswerdung hinschreitten.

Gott ist die vollkommenste, reinste Liebe; seine höchste Seligkeit besteht in unendlich thätiger Liebe; seine Gesetze sind Liebe und unser Beruf Liebe. Einfältig und ungekünstelt sind seine Gesetze. Liebt mich! — liebt euch! dieses ist sein Geboth. O könnten wir doch diese Gebothe, wie selig wär diese Erde hienieden! — aber Finsterniß entfernt uns noch immer vom Licht. So bald die Menschen sich lieben, so ist die Welt glücklich; aber sie lieben sich nicht, sie hassen sich, sie entheiligen ihre Bestimmung, und setzen sich

herab

herab zum reissenden Thier. — Aber läßt mich hierüber nicht weiter sprechen; die wenigsten Menschen verstehn mich, und die, die mich verstehn, diesen flüstert die Gottheit diese Sprüche ins Herz, und sie haben den Zuspruch eines schwachen Sterblichen nicht nöthig.

Der heilige Gesang der Vögel ertönte im Hain, und die Sänger des Waldes heiligten mit Psalmen der Natur die Gottheit beym Aufgang der Sonne. Narwa erwachte, und fühlte sein Daseyn.

Was heißt sein Daseyn fühlen?

Ich fühle mein Daseyn; das heißt, ich fühle, daß ich lebe; — ich fühle, daß ich ein Wesen bin, das sich seiner bewußt ist. Mein Auge sieht die Herrlichkeit der Natur, die blühenden Fluren, den grünen Hain, die majestätischen Wälder; mein Ohr hört das Rauschen der Bäche, die Töne der Lerche, die Lieder der Nachtigall. Ich rieche die aromatischen Blumen, fühle den Wohlgeruch der düftenden Rosen; meine Wangen sind empfänglich der Eindrücke des sanften Westes; der leise Zephir spielt mit meinen Locken, und kühlt mit seinem Hauche meine heissen Wangen. Hier sind fruchtbeladene Zweige, und geben mir Nahrung und Labung; ich fühle eine angenehme Wohllust in ihrem Geschmacke; hier ladet mich
die

die Birne, dort die Aprikose und da die Kirsche
ein; ich will gehen und kann gehen, will die
Früchte pflücken und kann sie pflücken; ich genies-
se, und fühle Wonne im Genusse, und das, was
sich dieser Fühlung bewußt ist, das bin ich —
ich ein Räthsel meiner Selbst — das nun da ist,
und einst nicht da war. — Ich bin, fühle mein
Daseyn — und wer setzte mich hieher? — Wer
gab mir diesen herrlichen Bau? Wer die Em-
pfänglichkeit zu dem sanften Genuß dessen, was
da ist? — Wer ist das Wesen, dem ich dies
alles zu danken habe? — Der, der diese schöne
Erde gemacht hat, der so sorgfältig für alles
sorgte: aber was sind die Freyden der äussern
Natur gegen das Seelengefühl, das er in mein
Herz legte? — Wenn ich nun so allein da wäre
— o wie bald würde es mir selbst an den schönsten Freuden der Natur eckeln! — aber so erschuf
er mir noch tausend Mitgeschöpfe, und legte mir
ein höheres Gefühl ins Herz, auch Freude zu
fühlen, wenn sie andere fühlen. Alles was um
mich her liegt, ist belebt; hier kriechen auf dem
kleinsten der Blätter tausend bunte Insekten, und
alle leben, alle fühlen seine Güte. — Dort singt
der Vogel harmonisch im Gebüsche, und freudig
brüllt der Löwe dort sein majestätisches Daseyn;
da girrt die Taube, dort flattert der Hänfling;
hier hüpft die Grasmücke, und singt und freut
sich des Lebens — und ich bin da im Mittel —

sehe

sehe und fühle — fühle eine innere Macht, einen
Trieb, der mir sagt: du bist ähnlich dem, der
dich schuf. Ich höre eine Stimme; sie flüstert
mir zu: Genieße das Leben; und manche glück=
liche, nie gefühlte Empfindungen steigen in mei=
nem Herzen empor. Ich fühle Liebe und Freund=
schaft; hier führt mich die Natur in die Arme
eines sanften Wesens, das mir so ganz ähnlich
ist, und das ich doch nicht selbst bin. Ich liebe; ich
bin Freund; ich umarme; ich küsse, und fühle
Wonne des Lebens — Wonne meines Daseyns.
Hier verbindet mich der Naturtrieb mit meinen
Eltern; dort die Aehnlichkeit mit meinem Freun=
de; hier Liebe mit der Gattin; dort die Natur
mit dem Kinde — — lauter fremde Gefühle —
Gefühle, die der Schöpfer mir ins Herz legte.

Wie gut bist du, der du dieses alles so mach=
test! — Wie gut mußt du seyn! — Liebe bist
du — dir ähnlich an Liebe werden, das ist mein
Beruf; alles verkündigt mirs, es ist dein Gesetze.
Mein Selbstgefühl schrieb es mir ins Herz mit
unauslöschlichen Buchstaben; der Wunsch, alles
um mich her glücklich zu sehen, der ist der seligste
aller Wünsche. Alles umher ist Glück für den
Menschen; selbst das, was Unglück in der Welt
ist, ist Vorbereitung zum Glücke. Das reinste
der Seelengefühle wolltest du in uns rege machen
— rege machen in uns den Trieb der Theilnahme
an

an Freuden und Leiden. Euch, meine Kinder!
sagtest du, euch selbst untereinander will ich euer
Glück anvertrauen; streckt die Arme aus, die ich
euch gab, euch wechselweise zu unterstützen, und
fühlet das Vergnügen, die Thräne im Auge eures
Bruders zu trocknen. Ja, das war deine Spra=
che; jede Blume verkündigt mirs: ja nur wenn
ich liebe — liebe so, wie du willst, das ich lie=
ben soll, denn fühle ich mein Daseyn. O wo
seyd ihr, Brüder und Menschen! die gleiches
Gefühl und gleiche Liebe vereint? — O laßt uns
fliehen von dem Schwarme der Verdorbenen, de=
ren Daseyn Verderben der Menschheit ist. Sieh
dort die tausende, wie sie sich zanken und morden
— morden um eine Handvoll Staub — sie, die
selbst Staub des Staubes sind. Sieh, dort fließt
Blut — Menschenblut — vergossen durch die
Hand des Bruders: da trocknet keine brüderliche
Hand die Thräne aus dem Auge des Sterbenden;
Todes = Röcheln ist dort Freude, und Zerstörung
Vergnügen. Seh ich recht? und ich lebe — ich
fühle? — nein, ich träume; aber ich träume
einen schweren Traum. Vater! Erbarme dich!
laß mich bald erwachen — erwachen in der Ge=
gend, wo der Erschaffene seinen Beruf, sein Da=
seyu fühlt.

Narva

Narva lernt, daß man keine Erkenntlichkeit von den Menschen hoffen müsse.

Es war Morgen und Ibar führte seinen Lehrling zu den Ruinen eines alten Grabmahles. Hier hoben sie einen grossen Stein von der Erde, und eine kleine Stiege führte sie in ein unterirrdisches Gewölbe, welches die Sonne nur dort und da durch die Klüfte der Felsen beleuchtete. Hier sah Narva ganze Küsten voll Gold und Edelgesteine. Er blieb stehen, und umarmte seinen Freund Ibar, und rief auf: o ihr traurigen Geschenke der Götter, ihr Quellen des menschlichen Uebels, grausame Tyrannen der schwachen Menschheit, böser Arimau! — zittere, ich will die Diener deiner Grausamkeiten anfesseln, und keine Thräne sollen sie mehr aus den Augen meiner Brüder erpressen. Unsterblicher Oromaß *! stehe mir bey, und unterstütze durch deine heilige Macht meine Entschlüsse.

Ibar

* Die Perser verehrten den Oromaß als einen Geist des Guten, und hielten Arimanen für den Geist des Bösen.

Ibar sah mit Vergnügen den edlen Hang des Jünglings für die Tugend; er führte ihn nach Tauris, und kehrte wieder in seine Einöde zurück.

Täglich war Narva von einer Menge Unglücklichen umrungen; sein Haus war jedem Elenden offen, seine Tafel theilte er mit den Hungrigen, und täglich fühlte er das Vergnügen Gutes zu thun. Ein Zufall vermehrte die Freude seines wohlthätigen Herzens. Er fand eine junge Venetianerin; sie war schön, und die Thräne des Elendes, die die Unglückliche weinte, erhöhte den Reiz ihrer Schönheit. Narva nahm sich der Unglücklichen an, entriß sie durch seine Wohlthaten der Armuth. Sie gefiel ihm, — aber er getraute sich nie, sie zu sprechen. Der Antheil, den sein Herz an ihrem Schicksale nahm, könnte ihre Tugend beleidigen, sie könnte glauben, sagte er zu sich selbst, ich foderte von ihr Wohlwollen zur Erkenntlichkeit des Guten, das ich ihr erzeigte, und dies würde eigennützig seyn.

Spinetta, so hieß das Mädchen, erzählte bald dem guten Narva das Schicksal ihres Bruders Claudio, den das Unglück zum Sklaven machte, und der unter der Grausamkeit eines Unmenschen seufzte. Kaum hörte Narva diese Ge-

Geschichte, als Claudio schon sein war, denn
Narva erkaufte ihm seine Freyheit durch Lösegeld.
Spinetta ward täglich schöner in den Augen des
guten Narva, der ein zu empfindsames Herz
hatte, um gleichgültig zu den Eindrücken der Lie=
be zu seyn. Endlich wagte er es, ihr seine Liebe
zu entdecken; Spinetta lohnte ihn mit Gegenliebe.
Niemand war nun in Tauris glücklicher als Narva.
Er machte schon alle Anstalt zur Hochzeit; allein
als er eines Morgens Spinetta besuchen wollte,
so war sie mit Claudio ewig für den guten Nar=
va verschwunden. Narva erfuhr, daß Claudio
nicht ihr Bruder sondern ihr Liebhaber war, mit
welchem sie sich mit einer Caravanne fortmachte.

Des Jünglings Herz war durch Spinettens
Betragen empfindlich beleidigt; er weinte Tage
lang um sie. Sie soll glücklich seyn, sagte er;
aber warum mich hintergehen? warum mir fal=
sche Hofnungen machen? das war nicht edel;
ich hab es wahrlich nicht an Spinetta verdient.
Unterdessen, daß Narva so, seinen Gedanken nach=
hieng, berichtete man ihm, daß einer seiner Nach=
barn, ein Kaufmann, im äussersten Unglücke sey.
Seine Gläubiger wollten sich alles des Seinigen
bemächtigen. Narva eilte ihm zu helfen, und
bezahlte alle seine Schulden. Nun ergab sich,
daß er den nemlichen Kaufmann nach einer Zeit

um eine kleine Gefälligkeit ersuchte, die darinn
bestund; daß er ihm eine Wiese zur Vergrösserung
eines Gartens anlassen möchte; allein der Kaufmann weigerte sich; und ungeachtet, daß Narva
ihm diese Wiese dreyfach bezahlen wollte, und
bereits mehr als hundertmal bezahlt hatte, so
gab sie ihm der Kaufmann doch nicht. Dies
schmerzte Narva'n; und er ward ganz unmuthig.
Bald hörte er wieder, daß man sehr beissende,
Schmähschriften über ihn schrieb, und daß die
jenigen, die täglich bey ihm zu Mittag speißten,
sie in Tauris von einem Haus zum andern her-
umtrugen. Es kam gar so weit, daß man diesen Wohlthäter der Menschen eines verdächtigen
Contrebandes beschuldigte, und seinen Reichthum
dem Betrug zuschrieb. Narva wurde wirklich zu
dem Cadi berufen; er mußte sich vertheidigen, und
er fand, daß die jenigen seine Ankläger wären,
denen er Gutes that. Narva wurde für unschuldig erkannt; allein die Heiterkeit und die Freude
floh von seiner Stirne, und Traurigkeit und Miß-
trauen bemächtigen sich seines Herzens; er scheute
die Menschen, schloß seine Thüre vor ihnen,
und ward unglücklich. Tauris war nun ein un-
ausstehlicher Aufenthalt für ihn. Versenkt in
die tiefeste Melancholei besuchte er eines Tages
seinen Freund Ibar. Unglücklicher! fieng er an,
kennst du wohl die Menschen, von denen du mir

täg-

täglich sagteſt, daß ich ſie lieben ſollte? Weißt
du, daß ſie undankbar, grauſam, böſe, Verräther
und Verläumder ſind? — Warum flößteſt du
mir eble Gefühle für Geſchöpfe ein, die ebler
Gefühle nicht werth ſind?

Um dich glücklich zu machen, erwiederte
Ibar.

Narva.

Um mich glücklich zu machen, haſt du mich
ja unglücklich gemacht. Ich bin das armſeligſte
Geſchöpf unter den Kindern des groſſen Ali.

Ibar.

Sage doch, was iſt dir begegnet, guter
Narva?

Hier erzählte ihm Narva umſtändlich ſeine
ganze Geſchichte, und alles, was er von den
Undankbaren in Tauris hatte erbulden müſſen.
Junger Menſch! ſagte Ibar, hab ich dir denn
jemal geſagt, daß die Tugend hienieden bezahlt
werden muß? hab ich dir denn geſagt, daß du
Belohnung für deine guten Handlungen von den
Menſchen hoffen ſollſt? — Das iſt deine Schuld,
daß du nun unglücklich biſt. Du hätteſt dir kei-

ßen

nen Tarif von Erkenntlichkeit deiner Wohlthaten machen sollen. Geh nach Tauris, und die Beschäftigung deines Lebens sey, dir viel Undankbare zu machen. Die Tugend ist nur Preis für sich; Menschen und die Welt sind zu schwach, sie zu belohnen. Doch studire die Menschen für deine eigene Genugthuung; hoffe niemals Dank, und rechne nie auf Erkenntlichkeit. Suche Zufriedenheit in deinem Herzen, und sey gleichgültig für das, was die Menschen von dir sprechen, handle gut, und erwarte von den Menschen nichts Gutes, und das Böse, das sie dir anthun, wird dir nicht unverhoft kommen. Darinn besteht wahre Menschentugend: die Menschen lieben, ohne Gegenliebe von ihnen zufodern.

Es giebt einen Ort, wo die Liebe uns alle vereinen wird; aber hienieden ist dieser Ort noch nicht.

Ein Lied an mein Herz.

Wenn ich manchmal einsam bin
und in meinem Herzen leide
denk' ich oft mit innrer Freude
an das End des Lebens hin.

Wenn ich ganz für Menschen fühle,
denk ich freudig an mein Grab:
gerne legt' ich diese Hülle
in den Schoos der Erde ab.

Meine

Meine Seele seufzt nach Frieden,
  meine Seele geizt nach Ruh;
und kein Engel winkt hienieden
  Wonne meinem Herzen zu.

Bruder! den ich finden möchte,
  der mit meinem Herzen fühlt,
manchmal streck' ich meine Rechte
  nur nach deinem Schattenbild.

Athmen gleiche, reine Triebe
  an des Freundes treuen Brust;
o wie heilig wär die Liebe!
  o wie selig wär die Lust!

Doch entsage dem Begehren,
  leide, leide armes Herz!
laß dichs von der Erde lehren,
  Menschenschicksal ist hir Schmerz.

Sing der Gottheit Lobeslieder;
  murre wider Menschen nicht:
alle sind sie deine Brüder,
  sie zu lieben ist dir Pflicht.

Freue dich des Lebens wieder,
  denk an die Unglücklichen:
Gott, der gab sie dir zu Brüder,
  leb' und eile beyzustehn.

Wenn sie auch dem Laster fröhnen,
  sind sie auch der Lieb nicht werth,
mußt du sie doch lieben können,
  weil die Gottheit es dich lehrt.

Glaub, die Stunde, die wird kommen,
  heller wird ihr Auge sehn,
wenn, die Schuppe weggenommen,
  sie im Licht der Wahrheit stehn.

Die Geschichte
des jungen von Mühlthales.

Mühlthal verlohr frühe seine Eltern.

Schon in jenen Tagen der Kindheit, in welchen der junge Mühlthal noch nicht wußte, was der Verlurst seiner Eltern sey, verlohr er die, denen er sein Daseyn zu danken hatte. Er ward in seinem siebenten Jahre eine Waise. Verdruß und Gram brachten seinen redlichen Vater zur Grube; er war ein ehrlicher Mann, und konnte sich mit den Schurken nicht vertragen. Mühlthals Mutter, die ihren Gatten zärtlich liebte, folgte ihm bald nach; sie überlebte den Tod ihres Geliebten nicht. Sie starb drey Tage nach ihm: Man sagt, daß der kranke Vater noch auf seinem Todbette seinen Bruder habe zu sich rufen lassen, und so mit ihm sprach: Nun diene ich wirklich vierzig volle Jahre meinem Fürsten und dem Vaterlande treu und redlich; opferte mein Vermögen und die Tage meines Lebens ihrem Dienste auf; begnügte mich mit einer mäßigen

Besol-

Besoldung, setzte mein eigen Haab und Gut bey; lebte manchmal kümmerlich, und nun sterb ich und hinterlasse ein armes Kind. Wer wird sich um diese arme Waise annehmen, wenn ich nicht mehr bin? Mit meinem Leben wird das Andenken all meiner treuen Dienste verlöschen. Was ist der Name eines ehrlichen Mannes im Angesicht der Welt, wenn man seiner nicht mehr nöthig hat, seiner nicht mehr bedarf, oder wenn er nicht mehr dienen kann, oder wenn er verstarb? Der Redliche gleicht oft einer Zitrone; man bedient sich derselben, so lang noch Saft darinn ist, und wirft sie weg, wenn man sie ganz ausgepreßt hat. Was sind vergangene Verdienste? Was ist der Mensch überhaupt, wenn man seiner nicht mehr bedarf? Gott im Himmel! dieser Gedanke macht mir meinen Tod schwer. Wenn ich so mein armes Weib denke, wie es an den Schwellen der Grossen mit einem Kind an der Seite Barmherzigkeit wird betteln müssen, welchen Erniedrigungen wird es nicht ausgesetzt seyn? — Hier weinte der alte Mühlthal, daß eine Thräne die andere schlug, und vergebens suchte ihn sein Bruder zu trösten.

Mühlthals Bruder.

Heitere dich auf und verlasse diesen schwarzen Gedanken.

Mühl=

Mühlthal.

Du bist nicht Vater und nicht Gatte; du weißt es nicht was es sey, arme Geschöpfe um sich zu sehen, deren ganze Existenz wir — wir allein sind; — und wenn wir nun fühlen, daß wir aufhören zu seyn. — —

Bruder.

Der König wird sorgen.

Mühlthal.

Ich glaube wohl, daß es dem König an guten Willen nicht fehlen wird; aber bringt das Geschrey der wahren Dürftigen allzeit zu ihm? Werden Könige nicht täglich betrogen? Verschwenden sie nicht täglich ihre Wohlthaten an Undankbare? und können sie unter der Menge, von der sie belästiget werden, wohl den jenigen kennen, der ihrer Unterstützung am meisten würdig ist?

Bruder.

Deine Familie wird Empfehlung und Schutz finden.

Mühlthal.

Empfehlung und Schutz? Von wem? Ich hatte keinen Freund als meinen König und mein Vaterland. Ich war redlich, und beleidigte daher alle, die es nicht waren; ich war thätig, und alle Unthätige sind meine Feinde: nun ziehe den

J 2   Kal=

Kalkul; rechne von den Rechtschafnen die Unred=
lichen und Unthätigen ab, und sieh, was über=
bleibt. Nun setze den Rest der Rechtschaffnen an,
und ziehe aber wieder diejenigen davon ab, die
nur für sich sorgen, die es sich zum System ge=
macht haben, sich am Hofe keines Menschen
anzunehmen: ziehe auch die ab, die nur für ihr
Interesse denken, und den König nicht um frem=
de Wohlthaten! beläftigen wollen; — ziehe ab,
die ich nie kannte; die den Werth des Redlichen
nicht zu schätzen wissen; die sich einbilden, daß
mit dem Leben des Dieners alle Pflicht des Herrn
aufhört, und wenn du dieses alles abgezogen
haft, so rechne wieder, und sage mir die Freunde,
die mir übrig bleiben? — — Gott! Könige selbst
sind zu arm, um den Redlichen zu belohnen,
denn wen sein Herz nicht an den Fürsten kettet,
den ketten auch nicht Millionen an ihn. Hier
Bruder nimm diese Reime, die ich in meinen
jüngern Jahren aufsetzte, und gieb sie einst mei=
nem Sohne, als ein Erbtheil seines redlichen,
aber armen Vaters.

Ein Mann, der nur vom Solde lebt,
dem König treu, nach Tugend strebt;
auf Redlichkeit und Ehre hält,
der Mann erhauft sich nicht viel Geld.
Will nicht ein Reicher seiner denken,
und mit Legaten ihn beschenken,

nimmt

nimmt er nicht eine reiche Frau,
so wird er als ein Bettler grau.

Mein Sohn! der Mann gewinnt nicht viel,
ist Redlichkeit sein einzig Ziel.
Wer seine Ehre darauf setzt,
daß ihn der Tugendhafte schätzt,
der wird aufs Wohl des Königs sinnen,
er nützet, und will nicht gewinnen;
denn wer auf wahre Ehre hält,
der liebt den König mehr als Geld.

Auch ist der König nicht im Stand,
hätt' er auch nochmal soviel Land
zu lohnen jenen, der ihn liebt,
auch wenn er Millionen giebt;
denn alle seine Millionen
die können Ehrlichkeit nicht lohnen:
und binden uns nicht Herz und Pflicht,
so binden Millionen nicht.

Ich biethe jedem Menschen Trutz,
den dort, den fesselt Eigennutz,
und diesen Fürst, glaub's sicherlich,
den kettet nur sein Herz an dich.
Verschliesse einmal deine Kassen,
und sieh, wie viele dich verlassen,
denn folgt, o König! glaub es mir,
denn folgt der Redliche nur dir.

Doch

Doch Fürst! ich sag es dir auch frey
erkenne wahre Lieb' und Treu;
denk', dieser gab dir Haab und Gut
sein Leben selbst und Leib und Blut;
er wird auch nichts von dir begehren;
doch kann sich einst sein Weib nicht nähren,
sein Kind, so denk', was er gethan,
und nimm dich, König! seiner an.

Diese Lehre gab der alte Mühlthal seinem
Bruder und starb. Mühlthals Bruder, dieser
würdige und edle Mann, vertrat Vatersstelle an
dem Jungen, und wandte alles Mögliche für
seine Erziehung an: allein der Tod entriß auch
diese Stütze dem jungen Mühlthal. Blumberg,
ein Anverwandter, nahm sich nach dem Tode dieses
würdigen Mannes um Karl an, und erzog ihn
mit seinem Sohne. Die Bande der Freundschaft
vereinigten bald Blumbergs und Mühlthals Her=
zen; sie wurden unzertrennliche Freunde. Als
sie erwuchsen, erhielten beyde eine Stelle beym
Regiment, wo sie allgemein geschätzt wurden.
Blumberg war ein guter Junge, und fleißig in
seinem Dienste; allein ausser seinen Militärbe=
schäftigungen war er ein Feind aller Litteratur,
da sich hingegen Mühlthal in seinen müßigen
Stunden auf die Wissenschaften verlegte und sein
Herz bildete. Die Verschiedenheit ihres Ge=
schmacks war Ursache, daß ihre Herzen nach und

nach

nach gegen einander kälter wurden, und das
Gefühl der warmen Freundschaft nahm sichtbar
ab. Der Hang zum Vergnügen entfernte endlich
gar den jungen Blumberg von seinem Freunde
Mühlthal. Blumberg wurde von jungen Leuten
bald auf ganz andere Grundsätze gebracht, und
verfiel in Ausschweifung. Mühlthal bedauerte
seinen Freund, unterstützte, so viel er konnte
seine dürftigen Umstände, und versuchte, ihn
auf bessere Wege zu bringen. Er stellte ihm alle
Folgen seines Lebenswandels vor. Freund, sagte
er, verlasse den Weg, der dich ins Verderben
führt; kehre wieder zur Tugend zurück, und sey
ganz wieder Blumberg. Sieh, ich öffne dir
meine Arme; sey wieder mein Freund, wie ich
der deinige bin; fliehe die Falschen, die dich an
den Rand des Unglücks bringen; sie sind deiner
Freundschaft, deiner Anhänglichkeit nicht werth.
Sie schmeicheln deinen Leidenschaften und ver-
achten dich in ihrem Herzen; sie sind deine Freunde nicht. Glaub mirs, Blumberg, wenn du
einmal ohne Hilfe, ohne Unterstützung bist, denn
werden sie sich entlarven. Sie sinds, die mir
deine Freundschaft — wo nicht entzogen, doch
gewiß geschwächt haben, die Ungeheuer! Sie
wissen nur zu gut, wie aufrichtig mein Herz
gegen dich denkt; sie wissen, daß ich tief in die
Falten ihres Herzens sehe, daß ich mich bemühe,

dich

dich auf ihre Kunstgriffe aufmerksam zu machen,
und sie wollten mich für meine edle Absicht be=
straffen, da sie mir deine Freundschaft, dein
Herz raubten. O Freund Blumberg! können
sie es einst dahin bringen, daß du ganz gleich=
gültig für mich wirst; denn ist ihre Absicht er=
reicht, und du bist verlohren. O mein Freund!
ich rede nicht wegen meiner, deiner selbstwillen
rede ich zu dir, und bitte dich im Namen der
heiligsten Gefühle unserer Jugendjahre, im Na=
men der seligsten Gefühle unserer ersten Freund=
schaft, schone deinem würdigen Vater, und stoß
ihm nicht den Dolch in sein Herz; denn sterben
würde er, wenn er wüßte, in welchen Abgrund
der Ausschweifung sich sein Sohn versenkt hat.

Blumberg war gerührt; er versprach seinem
Freunde Mühlthal alle Besserung: doch die üble
Gesellschaft, die er täglich sah, in der er lebte,
wußte bald, wie die Eindrücke aus seiner Seele
zu entfernen wären, die Mühlthals Zusprüche
gemacht haben. Sie stellten ihm das Laster in
einer so reitzenden Gestalt von der Aussenseite vor,
daß Blumberg zu schwach war, sich ihrem Um=
armungen zu entreissen. Blumberg brachte Täge
und Nächte in den schändlichsten Orten der Aus=
schweifung zu; er spielte, verlohr ansehnliche
Summen, und besuchte die verwünschenswürdig=
 sten

sten Häuser. Sein Freund Mühlthal suchte ihn eines Tages auf, und sprach ihm ernsthafter als jemals über die Sache zu; allein Blumberg fand sich beleidigt, er zog den Degen; sein Freund Mühlthal verlohr die Gegenwart seines Geistes nicht; er sprach ernsthaft mit ihm und ruhig. Ich kam nicht hieher, sagte er, um meinen Freund zum Mörder zu machen, oder selbst der Mörder meines Freundes zu werden; ich kam her, dich zu retten, dich aus den Armen des Verderbens wieder in die Arme deines Vaters zurück zuführen. Blumberg, der im Grunde kein verdorbenes Herz hatte, war durch Mühlthals Betragen gerührt; er schämte sich seiner Hitze, fiel ihm um den Hals, und dieser Auftritt endigte sich mit den zärtlichsten Umarmungen. Allein ein junger Offizier, der bey dieser Szene zugegen war, sah die Sache von einem ganz andern Gesichtspunkte an. Er nannte den redlichen Mühlthal ein Feigherzigen, und scherzte über den ganzen Vorgang. Die Sache gieng so weit, daß die Geschichte bald in der ganzen Stadt kund ward, und man gab ihr tausend unvortheilhafte Wendungen für den edlen Mühlthal. Blumbergs falsche Freunde vergrösserten die Lüge, die bereits von Mund zu Mund die Stadt durchlief. Man erzählte, Blumberg hätte

sich

sich mit Mühlthal schlagen wollen, allein der
Feigherzige wäre dem Duell ausgewichen, hätte
das Regiment beschimpft, und die Ehre des
rechtschaffenen Offiziers herabgesetzt.

In den Zeiten, wo Mühlthal und Blum=
berg lebten, herrschte noch das allgemeine Vor=
urtheil, daß man Beleidigungen mit Blut rächen
müsse; noch war der Zweykampf im Ansehen;
noch setzte man seine Ehre daran, aus einem Be=
leidiger ein Mörder zu werden, und Beschim=
pfungen durch Blutvergiessen wieder gut zu ma=
chen. Blumberg und Mühlthal wurden in die
Lage versetzt, daß sie sich nothwendig schlagen
mußten. Die Offiziere foderten es von ihnen,
und wollten an ihrer Seite nicht mehr dienen.
Wie grausam war nun Mühlthals Lage! Der
gute Blumberg sah nun ein, daß er allein Schuld
an diesen allem war. Er verfluchte tausendmal
seine Leichtsinnigkeit; allein seine Reue war zu
spät. Er suchte seinen Freund, und fand ihn
einsam auf seinem Zimmer. Da warf sich Blum=
berg zu seinen Füssen, umfaßte seine Knie, und
rief: O Freund Mühlthal! in welche Lage habe
ich dich versetzt! — Mühlthal umarmte ihn;
o Blumberg! wirst du mir das Leben rauben?
oder ich dir? Sterb ich — Gott! so wird dich
der Name — Mörder deines Freundes — auf
ewig

ewig brandmarken; stirbst du, so wird dich
Mühlthal nicht überleben. Was soll ich wohl
deinem Vater sagen, — deinem Vater, der mich
erzog, der mir von meinen Kindestagen an so
viel Gutes erwieß, was soll ich ihm sagen? —
— daß ich der Mörder seines Sohnes bin? O
unglücklicher Greis! — Nein! Mühlthal soll
den Sohn seines Gutthäters nicht morden. So
sprach Mühlthal, und der Zustand seiner Seele
war der erbarmenswürdigste.

Der jugendliche Leichtsinn hat manche Fa=
milie unglücklich gemacht; man lacht über ju=
gendliche Ausschweifungen, und die Folgen davon
sind doch oft so traurig. Glücklich der, den sein
gutthätiger Schutzgeist auf dem Pfade seiner
Jugend führte; glücklich der, den die Gottheit
bewahrte, daß er nicht an Klippen stieß und
scheitterte, ehe er ans Land kam. Unsere heu=
tige Auferziehung heißt vollkommen gar nichts,
denn die Erfahrung lehrt uns, daß wir keine
Sitten mehr haben: was wird so aus uns wer=
den?

Mühlthal war in der grausamsten Lage,
denn die Zeit kam näher, und die Offiziere des
Regiments waren versammelt, und erwarteten
seinen Entschluß. Mühlthal tratt auf. Meine
Herren!

Herren! fieng er an, ich bin nun entschlossen, alles das zu thun, was Pflicht und Ehre von mir fodern; ich bin entschlossen, mich nicht zu schlagen.

Ein Offizier.

Wie das?

Mühlthal.

Weil mein Gegner der Sohn meines Gut=thäters ist, und weil ich die erste und wichtigste Pflicht wegen einem angenommenen Vorurtheil nicht entheiligen kann.

Ein Offizier.

Ehre ist kein Vorurtheil.

Mühlthal.

Wahre Ehre — ja! aber falsche Ehre, —— denn nach den Begriffen, welche ich mir von der Ehre mache, so fodert wahre Ehre zuerst die Pflichten der Dankbarkeit.

Offizier.

Man denkt aber nicht so vortheilhaft von Ihnen, sondern man glaubt, die Ursache ihrer Weigerung sey Feigherzigkeit.

Mühl.

Mühlthal.

Die Menschen mögen von mir denken, was
sie wollen, wenn nur mein Herz meine Hand=
lungen rechtfertigt. In keinem Gesichtspunkte
will ich das Leben des Sohnes meines Gutthä=
ters in Gefahr setzen.

Offizier.

Ist dieses ihr Entschluß?

Mühlthal.

Ja unveränderlich und heilig.

Nun ward Mühlthal allgemein als ein Feig=
herziger ausgeschrieen, und man nöthigte ihn,
das Regiment zu quittiren; er nahm auch des=
wegen keinen Anstand. Er erhielt seinen Abschied.
Seinem Freunde Blumberg entdekte er sein Vor=
haben bey einer Reise, die er zu machen gesinnt
war, und Blumenberg erhielt nach Mühlthals
Abreise diesen Brief:

Freund!

Ich bin von Menschen beschimpft und ver=
achtet, und ich dulde Schimpf und Verachtung
gerne, denn ich dulde meinem Freunde Blum=
berg zu Liebe. Lebe glücklich, und denke manch=
mal an deinen Mühlthal, der dich mehr als sich
selbst liebte. Schreibe deinem Vater den Ver=
lauf

lauf der Sache, damit er mir, durch falsche Nachrichten betrogen, seine Achtung nicht entziehen, oder glauben möchte, ich wäre des Dienstes des Königs unwürdig. Wenn dich dieser Auftritt klüger macht, lieber Blumberg, wenn du nun deutlicher siehst, kennst, wer Freund und nicht Freund ist, so bin ich für alles belohnt, was ich dulden und leiden werde. Liebe mich, dies ist alles, um was ich dich noch bitte, und wenn du durch mein Unglück glücklich wirst, so sey mir der Tag meines Unglücks gesegnet.

> Dein
>
> ewig wahrer Freund
> Mühlthal.

Noch grauete kaum der Morgen, als Mühlthal schon weit fort war. Keine Seele begleitete ihn als sein Diener, ein treuer und redlicher Junge. Es fügte sich, daß eine Räuberrotte den Grafen von Kohlstern überfiel und ihn plünderte. Mühlthal kam zu diesem Auftritte, von der Hand der Vorsicht geführt, und da er einen Menschen in Gefahr sah, sprang er sogleich aus dem Wagen, nahm es mit den Räubern auf und schlug sie in die Flucht; zween davon tödtete er, und rettete so dem Grafen das Leben. Dieser nahm seinen Wohlthäter zu sich, und unbekannt unter einem ganz fremden Namen diente Mühlthal wieder als Lieutenant unter einem andern Regimente.

Da

Da gelang es ihm bald, seine Tapferkeit zu zei=
gen; er zeichnete sich vorzüglich in einer Schlacht
aus, wo er dem Könige selbst das Leben rettete.
Er ward verwundet, und der König wollte selbst
seinen Erretter sprechen.

Der König erkundigte sich um seinen Stand,
um seine Eltern, und stellte ihm frey, eine Gnade
zu begehren. Ich bitte um nichts anders, er=
wiederte Mühlthal, als daß Eure Majestät die
höchste Gnade haben möchten, die Offiziere des
Regiments, worunter der Hauptmann Blumberg
steht, hier in ihrem Zelte versammeln zu lassen,
denn ich habe in ihrer Gegenwart Euer Majestät
wichtige Dinge zu entdecken. Die Offiziere ver=
sammelten sich in des Königs Gezelte, und
Mühlthal tratt auf.

Lernet, ihr Helden! fieng Mühlthal an, ein
unglückliches Opfer des Vorurtheils der falschen
Ehre kennen, die euch grausam und unmenschlich
gegen einen redlichem Bürger machte. Ich bin
Mühlthal, einst euer Freund und Mitgenosse;
ihr habt mich aus eurem Regimente verstossen,
weil ich meine Hände nicht mit dem Blute des
Sohnes meines Wohlthäters beflecken wollte;
weil ich die Stimme der Menschheit hörte, der
Stimme der Religion Gehör gab, weil mich die
Thräne der Reue rührte, die in meines Freundes
Auge zitterte, so habt ihr mich eines Verbrechens
beschuldigt, und als einen Feigherzigen ausge=
schrieen. Vorurtheile haben euch blind gemacht;
ich wollte euch aber zeigen, daß ihr' unrecht von
mir

mir geurtheilt habt. Ich bin nicht feige, wenn
es um wahre Ehre zu thun ist. Hier rufe ich
meinen König selbst auf, an dessen Seite ich stritt.

Alle stunden erstaunt um Mühlthal herum,
und Blumberg fiel ihm mit offnen Armen um
den Hals, und drückte ihn an seine Brust.
Freund! meine Seele! rief er auf, weil ich dich
nur wieder habe! — —

Tugendhafter Jüngling! rief der König,
daß doch dein Muth jeden Offizier lehren möchte,
was wahrer Muth sey; denn wandte sich der König zu den übrigen Offizieren. Ihr Herren, fieng
er an, beschuldigt nie wieder einen Menschen der
Feigheit, der sich weigert, ein Mörder seines
Freundes zu werden; laßt euch von dem groben
Vorurtheile zurück bringen, daß Mord Tapferkeit
sey, und daß der feig ist, der wegen einer er-
littenen Unbild Menschenblut zu schonen weiß;
lernet, daß der grösser ist, der Beleidigungen
verzeihen kann, als der sie rächt. Der König
erhob auf der Stelle den Lieutenant Mühlthal,
und ernannte ihn zum Obersten eines Regiments;
allein er konnte diese Gnade nicht mehr geniessen,
denn seine Wunde ward todesgefährlich. Er lag
sechs Wochen krank darnieder; während dieser
Zeit besuchte ihn der Vater des jungen Blumbergs, dem der König selbst Nachricht von dieser
Geschichte ertheilte, und nun genoß Mühlthal
noch den letzten seligen Augenblick seines Lebens,
seinen Wohlthäter noch vor seinem Tode zu sehen,
ihm noch zu danken, und in seinen Armen zu sterben. Er starb, bedauert von dem Könige, und jedem rechtschaffenen Offiziere des Regiments.

Marie Roſer,
eine wahre Geſchichte.

Wenn ich die Menſchen fliehe; wenn ich einſam in öden Gegenden herumwandle, und traurig mein Auge zur Erde hefte; wenn ich beym Anblick eines Menſchen zurückſchaudere, und über das Daſeyn der Guten weine — — o ſo rechne mirs nicht zum Verbrechen, du Allgütiger! der du dort oben wohneſt, und mit deinem Blicke das Thal dieſes Elendes überſiehſt. Vor deinen Augen ſind die Schandthaten der Menſchen nicht verborgen; du weißt und kennſt alles; warum iſt doch der Menſch der Feind des Menſchen? — — Stille und Finſterniß — ihr ernſten Schweſtern der Nacht — ihr ſeyd mir willkommen! im Grabe will ich euch noch danken — danken für die ſüſſe Freude, die ihr mir gabt binnen der Zeit, als Tiger ſchliefen und böſe Menſchen ſchlummerten. Aber ich thörichter Menſch! ich armer Gefangener der Erde — — eingeſchloſſen unter dem Monde, wie kann ich Sonnenſchein unter den Gewittern dieſes Lebens hoffen? —

K   Feſt-

Festgegründetes Vergnügen ist nicht auf der toben=
den Welle, und Ruhe nicht, wo Stürme sind.
Dieses Leben ist ja die Knospe unsers Daseyns —
das dunkle anbrechende Licht — Die Dämmerung
unsers Tages — der Vorhof unsers zukünftigen
Lebens. Wir sind Embryonen des Daseyns; der
Tod allein hebt die schweren Riegel, die den
Schauplatz verschliessen — er räumt den Tand
weg, und setzt uns in Freyheit. Sey mir will=
kommen, du — du grosser Eigenthümer aller
Dinge! — Laß dich umarmen, du, der du mir
dieses Kleid der Sterblichkeit abnimmst, mich
dem Elende entreissest, und in seligere Gegenden
versetzest, sey mir willkommen, freundlicher Tod!
an deiner Hand will ich dieses Thal der Thränen
durchwandern, und denken, daß alle — vom
Weibe gebohren — Erben des Schmerzens und
des Elendes sind. Bey deinem Anblicke, guter
Tod! will ich mich wieder freyen, wenn ich
denken werde, deine Hand wird dieses alles en=
den. Ich sehe schon, wie die Laimhütten der
Könige in Staub zerfallen; wie ihre eingebildete
Grösse verschwindet, und wie der Bube mit den
Knochen der Majestät spielt. Sieh dort! dort
wimmeln Millionen Insekten im faulenden Aase:
sie gleichen den Armeen des Eroberers, die der
Ehrgeitz in entfernte Lande hintreibt. Sie rauben
und beuten, und werden endlich selbst Raub und
Beute des Wurmes, den die Vorsicht erhält,

und

und die Allmacht mit zerſchlagenen Kriegsheeren
füttert. — — O Gedanke des Todes! Gedanke
der Ewigkeit! wie erhebſt du meinen Muth, wenn
durch die Bosheit der Menſchen meine Seele in
Unmuth fällt. Ich will euch eine Geſchichte erzählen, vor der die Menſchheit zurückgeſchaudert —
eine Geſchichte, die meinen Muth ganz nieder-
ſchlägt, wenn ich daran denke: es giebt Menſchen, und ſie ſind ſolcher Thaten fähig, und ich
lebe unter ihnen. Doch du, Allgütiger! der du
allein weißt, warum dieſes alles ſo iſt, leite du
meine Hand, und laß mich das Bild des Laſters
ſo entwerfen, daß der Menſchheit vor ſolchen
Thaten grauet, und ſanfte Gefühle der Menſch-
lichkeit und der Tugend das eiskalte Herz des
Böſewichts aufthauen!!!

Schön als ein Mädchen von 15 Jahren verlohr Marie ihre Eltern, die in einer kleinen
Stadt Teutſchlands Bürgersleute waren. Sie
waren noch von jenem alten Schrott und Korn,
derer ganzer Reichthum Ehrlichkeit und Aufrichtigkeit ausmachte — Leute, die man heut zu
Tage, und beſonders unter den aufgeklärten ſelten oder gar nicht mehr findet. Nach dem Tode
ihrer Eltern mußte Marie in die Welt n'aus zum
Dienen, denn Peter R** ihr Vormund wollte
es ſo haben. Marie war chriſtlich erzogen, ſie
war arbeitſam und geſchickt, und beliebt wo ſie

K 2   hinkam.

hinkam. Es fügte sich bald, daß sich ein junger reisender Künstler um sie bewarb, der ein
Mahler war, und bey Gelegenheit, da er Mariens Herrschaft abzeichnete, des Mädchens Be-
kanntschaft machte. Der junge Mann nannte
sich Ferdinand Roser, Marie ward seine Frau,
lebte glücklich mit ihm; denn er war gut, besaß
feine Eigenschaften, und gewann sich jährlich ein
schönes Stück Geld. Er kam nach Tyrol, und
hielt sich dort einige Zeit in * * * auf. Unglücklich war dieser Ort für ihn. Da kam er in eine
üble Gesellschaft von Spielern, die ihn aussäckel-
ten. Roser sah seine Thorheit zu spät ein, und
verließ mit seinem Weibe diesen Ort; er kehrte
wieder ins Reich zurück, und hielt sich eine
Weile im fränkischem Kreise auf. Erschöpft am
Gelde konnte sich Roser nicht mehr erhollen. Verdruß und Gram zogen ihm eine gefährliche Krankheit zu, und nun war Roser vollkommen am
Rande des Elendes.

Er war ohne Trost, ohne Hofnung, verlassen von jedermann; nur seine treue Marie
war in den Tagen des Unglücks, die für ihn
die sie war, als noch die Sonne des Glückes scheinte, seine Theilnehmerin, seine Gefähr-
tin, seine Freundin. Selten ist der Charakter
eines solchen Weibes. Bey Wasser und Brod

war

war Marie so zufrieden, als sie es in den Stunden war, wo ihr ihre Umstände auch manchmal ein Glas Wein gönnten. Sie murrte nie wider die Vorsicht, oder kränkte durch Vorwürfe das Herz ihres Gatten. Wenn Elend und Noth sie am stärksten drückten, so gieng Sie in die Kirche, und klagte Gott den Drang ihres Herzens, und erwartete Linderung von dem, der der Vater aller Menschen ist. Eines Tages bethete sie eifriger als jemals. Ein alter, reicher Kaufmann war in der Kirche; er wurde aufmerksam auf dieses Weib, und folgte ihr nach, wenn sie nach Haus gieng. Er erkundigte sich genau um ihre Umstände, und da er erfuhr, wie traurig diese Umstände waren, ermangelte er nicht, alsogleich Hilfe und Rettung dem Bedürftigen zu verschaffen. Er schickte den guten Leuten Geld um Brod dafür zu kaufen, und bezahlte Rosers Schulden, ohne daß er sich zu erkennen gab, ohne daß er einen Dank von ihnen annahm. Marie saß an dem Bette ihres kranken Rosers, als man heftig an der Thüre pochte. Sie erschrack, öffnete zitternd die Thüre, und ein Unbekannter überbrachte ihr ein Paquet. Hier ist eine Bestellung an den Mahler Roser, sagte er, und gieng wieder trotzig fort. Aber wie groß war die Freude, als sie den Brief erbrochen, und folgenden Innhalt lasen:

Freund

Freund Roser!

Ich weiß, eure mißlichen Umstände, und da mir Gott Reichthum und Vermögen beschieden, so finde ich Pflicht, sie zu verbessern. Hier schicke ich euch hundert Dukaten, und die Quittung all eurer Schulden, denn ich habe sie bezahlt. Wenn es euch eure Gesundheitsumstände erlauben, so reiset nach Paris; hier habt ihr Attressen und Wechsel; ihr werdet dort euer Glück machen. Fragt nicht nach mir; ihr werdet meinen Namen nie erfahren, sondern danket Gott, der mich zum Werkzeug seiner Güte an euch, brauchen wollte. Lebt wohl! jenseits, wo alle Menschen gleich sind, werden wir uns einst kennen lernen.

Man kann sich die Freude denken, die die unglückliche Familie bey Durchlesung dieses Briefes hatte. Roser hob sich auf, und dankte mit zum Himmel gehobenen Händen der Vorsicht, und sein treues Weib schwamm in Thränen der Freude. Roser ward in Kurzem wieder gesund; verließ seine Gattin und ein Kind mit drey Jahren, und reiste nach Paris, nachdem er ehvor sein Weib und Kind seinem Gevater Philipp N * * * einem ansehnlichen Bürger aufs beste empfahl. Schwer lag die Stunde des Abschiedes

auf

auf des Mannes Herzen, und es ahndete ihm,
ich weiß nicht wie viel, Trauriges.

Roser war fort, und hielt sich drey Jahre
in Paris auf, wo er sich ein ansehnliches Geld
erwarb. Er schickte seiner Gattin von Zeit zu
Zeit Unterstützung, und schrieb fleißig seine glücklichen Umstände dem Gevatter Philipp. Allein
dieser war ein Mann von bösen Grundsätzen,
und einem noch schlimmern Herzen. Er war
reich, und geitzig, neidisch, und mißgönnte jedem
Manne sein Haab und Gut. Roser wollte von
Paris nach Engelland, und gab davon seinem
Gevatter Philipp Nachricht, schloß ihm auch eine
schöne Summe Geldes bey für sein Weib und
Kind: aber schon in Calais erkrankte Roser, und
starb, ehe er Engelland erreichen konnte. So
schrecklich diese Nachricht der armen Marie war,
so tröstlich war sie dem bosbaften Gevatter, der
nun alles das Geld, was ihm der sorgsame Roser geschickt hatte, für sich behielt, und dem
armen Weib und Kinde, die nichts davon wußten, nicht einen Heller auszahlte. Mittlerweile
starb auch der großmüthige Gutthäter dieser unglücklichen Familie, den man nie gewiß wußte,
sondern nur aus seinen übrigen edlen Handlungen vermuthete. Nun war Marie mit ihrem
Kinde so elend als jemals — ganz ohne Unter
stützung. Allein

Allein wie dürftiger Marie war, wie elender
ihr Kind, je zufriedener war Philipp, denn der
Anblick des Elends war Nahrung für sein Herz,
und Seelenwonne war das Bild der Armuth seiner Satansseele. So lang er lebte, kannte er
nie das Vergnügen wohl zuthun. Seine Unter-
gebene drücken, den Arbeitenden ihren Lohn entziehen, und auf 50 Prozent leihen, dieß war
seine ganze Beschäftigung; diesen betrügen, jenen
hintergehen, war seine Spekulation. Marie war
in den dürftigsten Umständen; sie lebte nur von
dem, was sie sich mit ihrer Handarbeit verdienen konnte, und das war gewiß sehr wenig;
doch lebte sie ehrlich, und erzog ihren Sohn tugendhaft und fromm. Sie hätte manchmal ihre
Umstände verbessern können, aber sie wollte es
nicht zum Nachtheil der Tugend thun. Sie ist
doch wahrlich nicht klug, sagte einmal ihre Nachbarin zu ihr, daß sie so am Hungertuch nagen
mag: wenn ich noch so jung und hübsch wäre,
wie sie ist, sollte es mir nicht so elend gehen.
Eine andere sagte: weiß sie was, Nachbarin!
ich kenne einen reichen vornehmen Herrn, der
hat ein gar schönes, schönes Mädchen, wenn sie
ihm nun eine kleine Gefälligkeit erweiset, sein
Mädchen zu sich in die Kost nimmt — — o
ich weiß gewiß, ihre Umstände sollen bald besser
werden. Eine Dritte sagte, aber liebe Marie!

wie

wie mag die Frau doch immer mit! so Zins=
lewaare ihre Tage vertragen? mach' sies, wie
ich; Geld aufbringen, Pfänder versetzen, das
trägt ein. Komm sie zu mir, ich will sie bald
in diesem nützlichen Gewerbe unterrichten. Ma=
rie hörte alles, und befolgte nichts. Die Pfen=
ninge, die ich gewinne, sagte sie, sind redlich
verdient, und Gott wird sie mir segnen. Ihr
Sohn, der Franz hieß, wuchs heran, und war
bereits ein Jüngling von 15 Jahren. Er sprach
latein, englisch, französisch und welsch; rechnete
fertig und schrieb schön; er war sanft und red=
lich. Mariens Aug weidete sich an ihm, wenn
sie ihn ansah. Du bist meine einzige Hofnung
sagte sie oft zu ihm, lieber Franz! — Ja,
hoffet, liebe Mutter! erwiederte denn der gute
Junge; ich will euch gewiß alles wieder ersetzen,
was ihr für mich angewendet habt; es soll euch
nicht reuen, liebe Mutter! — —

Gevatter Philipp sah mit grämlicher Miß=
gunst den edlen Jüngling, und beneidete das
redliche Weib um den guten Sohn. Er wandte
sogar alles an, den Jüngling zu Ausschweifung
zu bringen; er bezahlte für eigenes Geld lieder=
liche, unverschämte Bursche, miethete ehrlose
Dirnen, die ihn hätten verführen sollen; allein

Franz

Franz blieb tugendhaft, und die Liebe, die er
für seine Mutter hegte, bewahrte ihn gegen alle
Fallstricke, die man ihm legte. Sein Herz sagte
ihm bey jeder Gelegenheit: was würde deine gute
Mutter sagen? — Wie sehr würde sich deine
arme Mutter kränken! — Da nun der böse
Mensch sah, daß seine Versuche vergebens wa=
ren, so wollte er den Jüngling von der empfind=
samen Seite angreifen. Was machst du denn,
fuhr er ihn einst an, du Tagdieb du! — Da
sitzest du deiner Mutter immer über dem Hals;
geh einmal n'aus in die Welt, und verdiene dir
was; friß nicht immer den Brocken der armen
Mutter ab, die jeden Bissen so hart verdienen
muß.

Franz.

Vom Herzen gern, lieber Herr Pathe; gebt
mir nur Rath; ich will alles gern thun.

Philipp.

Ja Rath! — da ist guter Rath theuer;
wenn du Muth hättest, und nicht so ein Stuben=
sitzer wärest, so wüßte ich dir wohl einen Vor=
schlag, wie du auf einmal deine Mutter glücklich
machen könntest. — —

Franz.

O ich bitte euch; sagt mirs nur, wie meine
Mutter glücklich machen könnte, ihr vergelten,
was

was sie an mir gethan hat — sagt mirs! mein
Leben gieb ich hin. — —

Philipp.

Dein Leben fodert man eben nicht, aber
deine Freyheit. Ich will dir eine Attresse nach
Holland an einen Kaufmann geben, dort kannst
du dich auf 8, 10 und noch mehr Jahre auf ein
Schiff verkaufen. Du foderst z. B. eine Summe
von 500 Gulden; diese werden mir übermacht,
und nun kann deine Mutter mit diesen 500 Gulden eine kleine Handlung anfangen und glücklich
seyn.

Franz.

O göttlicher Mann! vom Herzen gern. Wo
ist der Brief? Wo die Addresse? — O befördert
es, ich bitte euch, — meine Mutter! — meine
Mutter! Dank dir Gott! — Nichts als meine
Freyheit, und meine Mutter ist glücklich — mein
Leben gäb ich gerne hin.

Da lächelte der schwarze Bösewicht in die
Faust, setzte sich hin und schrieb den Brief an
einen Seelenhändler nach Amsterdam. Das
Weib verliert den Jungen, sagte er, und ich
bekomme das Geld für seine Freyheit. Ja, so
muß der Listige oft den Tölpel fangen. Glaubst
du wohl, ich würde so thöricht seyn, und das
Geld deiner Mutter bringen — ja, da betrügst
                                          du

du dich. Geh, einfältiger Junge, und lerne die
Menschen besser kennen.   So dachte der schändliche Unmensch und versiegelte bereits den Brief.
Franz war voller Freude; er konnte kaum den
Morgen seiner Abreise mehr erwarten.   Es war
Nacht; da schlich er sich ins Zimmer seiner Mutter.   Sie schlief, und der Mond beleichtete ihren
schlafenden Antlitz.   Noch einmal will ich dich
sehen, sagte er, vielleicht ist es das letztemal in
meinem Leben; noch einmal will ich dir danken
für alle deine Sorge und deine Liebe. — Hart
verlaß ich dich; Gott weiß es, wie meinem Herzen ist, aber die Gewißheit, dich glücklich zu
machen überwiegt jeden kränkenden Gedanken.
Denn trat er näher, küßte sanft ihre Hände, und
voll Thränen war sein Auge, mit dem er sie an-
blickte.   Itzt gieng er hin, und schrieb noch diese
Zeilen an sie:

Ich bin arm, liebe Mutter und kann euch
nicht alle jene Liebe vergelten, die ihr mir erwie-
sen habt. Euch in Armuth zu sehen ist kränkender
für mich als der Tod. Nehmt mirs nicht übel,
daß ich euch verlasse; nur dieser Weg bleibt mir
offen, euch glücklich zu machen. Gevatter Philipp
wird euch bald eine Summe Geldes überbringen,
womit ihr einen kleinen Handel anfangen könnt.
Denket nicht an mich; böse kann es mir nicht
gehen, wenn ich weiß, daß es euch gut gehet.
                                                  Gebt

Gebt mir täglich euren Segen; denn, wenn das Abendroth an Himmel tritt, — denn denket, daß ich, wo ich auch immer seyn mag, für euch bethe. Lebt wohl! ewig geliebte Mutter! — Danket mir für nichts; ihr seyd mir keinen Dank schuldig; alles, was ich euch geben kann; ist nicht hinlänglich, den Betrag einer so grossen Schuld zu zahlen, als ich euch schuldig bin. Lebt nochmal wohl, liebe Mutter! —

Als Marie am Morgen erwachte, fand sie den Brief auf dem Tische. Wie erschrack das arme Weib, als es ihn öffnete. Die Gute fiel sogleich auf die Vermuthung, das an Franzens Entfernung der boshafte Philipp Ursache seyn möchte. Sie zitterte für das Schicksal ihres Sohnes, und machte sich alsbald auf, ihn einzuholen. Franz war noch kaum drey Stunde von der Stadt entfernt, und das Glück führte die Mutter wieder zu ihrem Sohne, sie fand Franzen wieder. Wer schildert die Freude, wer das Entzücken, das sie bey der ersten Umarmung fühlte. Sie glaubte ihren Sohn aus dem Rachen des Todes gerissen zu haben. Nun bist du wieder mein, sagte sie, ja du bist mein, nichts soll dich meinem Herzen entreissen. Was wolltest du thun, gutherziges Kind! du hättest mich und dich unglücklich gemacht. Da erzählte ihr Franz seine Absicht, und den Rath, den ihm Philipp gab. Unglücklicher! fuhr

fuhr Marie fort, du wäreſt verlohren geweſen — verlohren ohne mir auch nur im geringſten zu nützen. Hier erklärte Marie ihrem Sohne Philipps böſe Abſicht. Während dieſem Geſpräche kamen ſie der Stadt zu, bis an den groſſen Garten der Burg. Wir wollen hier ausruhen, ſagte die Mutter, und Franz und Marie ſetzten ſich in eine Laube. Es war einer der angenehmſten Sommerabende; der letzte Pinſelſtrich der Abendröthe ſtund zur Verſchönerung er Natur am Firmamente. Franz ſprach da aus vollem Herzen mit ſeiner Mutter, und beyde vermutheten nicht, daß man ſie behorchte.

Seht Mutter! ſagte Franz, gern hätte ich mein Leben für euch hingegeben, wenn ihr nur glücklicher geweſen wäret, als ihr itzt ſeyd. Ich weiß, was ich euch alles ſchuldig bin. Wenn ich zu Gott bethe, wenn ich wünſche glücklich zu ſeyn, ſo wünſche ich es nur euerntwegen; denn als Sklave wollte ich mich verkaufen, gern die ſchwereſten Ketten tragen, wenn mein Herz mir ſagen könnte; du warſt dankbar gegen deine Mutter. Franz wollte noch weiter reden, als ein betagter ehrwürdiger Greis vor ihnen ſtund. Du gefällſt mir, Junge! fieng er an; ich habe dir zugehört, du ſollſt nicht unglücklich ſeyn. Ich will dein Glück machen. Ich habe einen reichen Freund in Venedig, der ſoll dich annehmen, ſey getroſt. Hier gab der Alte den Unglücklichen einsweilen etwas Geld zur Unterſtützung. Nach etwelchen Tagen beſuchte er ſie, und ſagte der Mutter, daß ihr Sohn nun in Venedig bey einem Kauf-

manne

manne als Handelsdiener mit 600 Gulden Gehalt
angestellt sey. Er gab ihm auch Briefe und Rei=
segeld. Franz und Marie wußten nicht, ob es
Wahrheit oder Traum wär; sie umarmten ihren
Gutthäter, und netzten seine Hand mit Thränen
der Dankbarkeit. Nun bin ich glücklich! rief
Franz auf, liebe Mutter. Die Helfte meines
Gehaltes ist euer, macht euch Rechnung darauf.
O liebe Mutter! ihr werdet nun nicht mehr dar=
ben müssen. So sprach er und Freude war in
seinem Blicke. Er gieng hin in die Kirche, und
dankte dem Allvater der Menschen für sein Glück.
Das Gerücht von Mariens Glücke breitete sich
bald in der Stadt aus, denn ihr Herz glaubte,
sie müsse jeden ihren Freund, ihren Gutthäter
nennen, und so kam die Sache zu Philipps Oh=
ren. Scheelsucht und Neid marterten seine Seele;
schwarze Gedanken stiegen in seinem Herzen auf.
Er dachte, wie ein Teufel denken würde in
Menschenhülle. Unter dem Scheine der Freund=
schaft gieng er in Franzens Haus, eben zu einer
Stunde, da seine Mutter nicht zu Hause war.
Ich wünsche dir Glück, sagte er, und bitte dich
um Vergebung, wenn ich dir je was zu Leide that.
Du bist ein guter Junge, verzeih mir. Du gehst
fort, und vielleicht sehen wir uns nicht mehr;
wir wollen uns aussöhnen. Franz, der das beste
Herz hatte, umarmte seinen Pathen, und drück=
te sein pochendes Herz an das Schlangenherz des
Bösewichts, und ein Kuß, den er auf seine Lip=
pen drückte, verkündigte laut, daß seine Seele
des Hasses nie fähig wäre. Philipp beredete den
guten Franz, einen Spaziergang mit ihm zu ma=
chen, weil der Abend so schön war. Franz gieng
ohne böse Vermuthung, und schon warteten be=
stellte Meuchelmörder seiner. Der böse Philipp
über=

überfiel ihn wie ein Räuber, und ließ ihn durch seine bestellten Gehilfen in den Strom stürzen. Franzens letzte Worte waren noch: Gott helfe meiner Mutter und verzeihe dir! — — Franz wurde ersäufet; Marie war trostlos und verzweifelnd. Der Verdacht eines Meuchelmordes fiel auf Philipp: aber klar konnte man ihm die That doch nicht beweisen, obwohl alle Wahrscheinlichkeit wider ihn war. Das Volk murmelte, einige behaupteten, die Sache gesehen zu haben: allein die Gerechtigkeit der Menschen sahs nicht — oder wollte es nicht sehen; denn man sagte, Philipp habe sich viel kosten lassen, die wankende Wage der Gerechtigkeit wieder ins Gleichgewicht zu bringen.

Wenn du noch lebst, abscheulicher Bösewicht? und wenn dir diese Geschichte in die Hand kömmt, wenn du deine Züge kennst, so sieh dir ins Herz und verabscheue dich selbst — Abschaum der Menschheit! — Gott im Himmel! weise mir eine Höhle, wo ich mich vor dem fürchterlichsten und grausamsten aller Thiere — vor dem Menschen verbergen kann.

Karl Mannthals Geschichte.

Eine wahre Erzählung.

Es gieng gegen der Nacht, und schwarze Wetterwolken stunden am Himmel. Blitze durchkreuzten gen Westen die Lüfte, und das Vieh brüllte fürchterlich auf der Waide, und flüchtete sich vor dem heulenden Sturmwinde unter die rauschende Eiche. Der Hirt lagerte sich in seine Strohhütte, und der Ackersmann eilte dem Dorfe zu, und die Mänen der Rosse flatterten durch den Wind um seine mit Schweiß bedeckte Wangen. Wie Rauchwolken eines Vulkans wühlte sich der Staub auf der Straße empor, und sträubte das Haar des Wanderers in die Höhe, der mit gebeugtem Leibe ihm entgegen kämpfte. Fürchterlich wankten die kolossalischen Güterwägen, drohten den Umsturz, und das Geschelle der Pferde und das Fluchen der Knechte war vermengt mit dem Gerassel des eilenden Postwagen, der in einer Wolke von Staub dahin rollte. Die Glocken des benachbarten Dorfes jammerten mit demüthigen Tönen dem Gewitter entgegen, und das Geklingel

K
zer-

zerschmetterter Fenster, das Auf= und Zuschlagen
der Thüren vollendete den fürchterlichen Auftritt
der Gewitterstunde. Glücklich kamen wir noch
ans Posthaus, und flüchteten uns eilends in die
niedere, düstere Stube. Geweihte Kerzen brann=
ten da auf dem Tische, und die Mägde knieten
rings um ihn her, und betheten das Ave, und
die Hausfrau klingelte am Fenster vertrauungs=
voll das heilige Glöcklein. Nach einer halben
Stunde war alles vorüber; der Himmel heiterte
sich wieder auf; die Vögel sangen, und der Wohl=
geruch der Kräuter von den benachbarten Wiesen
erquickte den ermüdeten Körper, und strömte auf
den Flügeln des kühlenden Abendwindes durchs
Dorf. Die alten Bauern besahen mit rückwärts
geschlungenen Händen den Himmel, und die Kin=
der spielten nackt am Bache, und scherzten, und
schwammen weit den Fluß hinunter. Gänse
saßen am Gestade, und rüttelten ihr durchnetztes
Gefieder, und Entchen putzten sich ihre durchge=
waschene Federn, und einige steckten ihre viel=
färbigen Hälse unter den Flügel; die Haushunde
schüttelten sich noch ab von dem Platzregen und
welzten sich unter der trocknen Scheune in Spreu.

Allgemach kam die Nacht herbey, und ein
Wagen hielt vor dem Posthause. Das Geklirre
von eisernen Ketten, und das Fluchen einiger

Sol=

Soldaten machte mich aufmerksam. Ich sah nach
dem Fenster und fragte, was es hier gäbe? Da
hörte ich, daß man einen Gefangenen nach dem
Festungsbau zu N** liefere. Es überfiel sie
die Nacht, und waren daher genöthigt, im Posthause zu übernachten.

Der Teufel muß das Gewitter gemacht haben, fieng der Korporal an, oder eine alte Hexe;
es warf ja Schloſſen wie wälsche Nüſſe. Es war
den Tag über so warm, und nun wards gegen
Abend so kalt, daß uns die Zähne klapperten.
Geht Mutter! sagte er zu der Wirthin, macht
uns Feuer in der Stube, daß wir unsre Kleider
trocknen können, denn morgen müſſen wir früh
fort, und gebt uns Stroh herein. Da führte
man nun den Gefangenen in die Stube, und
schloß ihn an den eisernen Ofen an. Ich saß
vorne am Tische, und bemerkte genau diesen
Auftritt, und zeichnete ihn in meine Schreibtafel.
Der Korporal schien mir ein wackerer Kerl zu
seyn. Er setzte sich auf einen hölzernen Stuhl,
trillerte eine Weile, und stopfte seine Tabacks-
pfeife, und sprach denn: Nun, nun! im Gotts-
namen! so gehts halt in der Welt. Wer kanns
ändern. Denn sah er auf seinen Gefangenen hin,
kehrte sich um und wischte eine Thräne aus dem
Auge, denn trillerte er wieder. An der Stirne

L 2 dieses

dieſes Mannes war viel Edles. Als die übrigen
Purſche hereinkamen, fluchte er jämmerlich. Der
Teufel muß euch reitten, ihr Hunde! fieng er
an, daß ihr da den Gefangenen an Ofen an=
ſchließet, wo man einfeuert? Iſt er nicht elend
genug? ihr wollt ihn gewiß noch lebendig bra=
ten. — Schämt ihr euch nicht? — ihr habt
doch gar kein Gefühl. Setzt euch in die Lage
eines andern. Macht ihn los, und gebt ihm
rein Stroh. Denn langte er in ſeinen Säckel,
und ließ jedem eine Maaß Bier auf ſeine Koſten
einſchenken. Ich war dem Manne vom Herzen
gut, und bath ihn zu mir zur Nachtſuppe, und
da erzählte er mir das traurige Schickſal ſeines
Gefangenen.

Sehen Sie, Herr! fieng er an, und wiſchte
ſeinen Schnurrbart, ich diene ſchon zwanzig
Jahre dem Könige, ſtund im Feld, und hab mehr
denn dreißig Bleſſuren am Leibe, bin viel Stra=
patzen gewohnt, aber bey alle dem, mein Herr!
hat ſich mein Herz doch nicht gegen die Eindrücke
des Elendes abgehärtet. Mein Auftrag fodert
es, daß ich da den armen Teufel, den die Re=
gierung auf zehn Jahr zum Veſtungsbau verur=
theilte, an Ort und Stelle liefere; ich that meine
Pflicht; aber ich geſtehe es Ihnen, Herr! das
Schickſal dieſes Unglücklichen geht mir nahe. Ich

weiß

weiß es, Sie weinten mit mir wie ein Kind,
wenn Sie seine ganze Geschichte wüßten. Erzäh=
len kann ich sie Ihnen nicht, denn Thränen wür=
den meine Stimme ersticken. Beym Himmel,
Herr! ich habe Hunger und Durst gelitten, hab
Kälte und Hitze ertragen, und Schmerzen gelit=
ten wie ein Hund, und keine Thräne tratt in
mein Auge: wenn ich aber Menschen sehe — so
elend wie dieser, so verzeih mirs Gott und mein
König, wenn eine Zähre auf diese alte Wange
fällt. So sprach er, und ich umarmte den wa=
ckern Mann, und küßte sein narbenvolles Haupt.
Wir tranken eine Weile, und binnen der Zeit war
alles in der untern Stube ruhig. Wir giengen
die Treppe hinunter, und besuchten den Gefan=
genen. Er lag ausgestreckt auf dem Stroh, und
schien sanft zu schlummern. Wir wollen ihn nicht
aufwecken, sagte der Korporal; es ist eine glück=
liche Stunde um die Stunde des Schlafes. Er
träumt vielleicht von der Freyheit oder vom Tode
— allzeit glücklich. Besser todt, als lebend und
elend zu seyn. Bey diesen Worten erhob sich der
Gefangene; sein Antlitz war gut, er schien red=
lich und fromm zu seyn. Bedauert mich nicht,
gute Leute! fieng er an; ich scheine zwar elend
zu seyn, allein ich fühle, ich weiß nicht was in
meinem Herzen, das mir sagt, ich hätte nicht
Ursache ganz zu trauern. Das Bewußtseyn mei=
nes Herzens, daß ich redlich gegen die Menschen
gehan=

gehandelt habe, beruhigt mich in den Stunden
meines Unglücks. Ich ersuchte den Unglücklichen,
daß er mir sein trauriges Schicksal erzählen möchte, und er hob sich auf, legte kreuzweis seine
Hände in seinen Schoos, wandte sein Aug zum
Himmel. Der Korporal und ich lagerten uns
zu ihm aufs Stroh. Der alte Soldat stützte sein
Haupt auf meine Schultern, und der Unglückliche fieng so zu erzählen an.

Ich nenne mich Karl Mannthal. Mein Vater war ein ansehnlicher Handelsmann in F.**
Er besaß ein schönes Vermögen. Ich war sein
einziger Sohn, den er unaussprechlich liebte.
Meine Mutter starb, da ich noch ein Kind war,
und mein Vater verheurathete sich nicht mehr,
sondern seine ganze Sorge war, mich ganz glücklich zu machen. Er wandte alles auf meine Erziehung an, und bildete mich zu einem redlichen
Manne. Du hast soviel, sagte er, daß du die
nothwendigsten Bedürfnisse des Lebens befriedigen
kanst; du bist also unabhängig von Menschen,
und folglich weit glücklicher als die, die Armuth
und Elend zu Sklaven der Reichen macht. Sey
mit deinem Stande zufrieden, sagte er, und suche weder Rang noch Ehrentitel. Ein reicher
Privatmann, der sein Geld zu nützen weiß, ist
glücklicher als ein Fürst. Er gab mir einen
recht-

rechtschaffnen Mann zum Hofmeister, dem ich
meine ganze Seelenruhe, die ich nun in meinem
Unglücke fühle, zu verdanken habe. Dieser Mann
war meines Vaters erster Freund. Dem, sagte
er mir oft, hast du mehr als mir selbst zu verdanken. Ich — ich gab dir nur das Leben, aber
dieser giebt dir Erziehung, und lehrt dich dein
Leben weißlich zu gebrauchen; du bist ihm also
mehr schuldig als mir. Wenn du einmal Kinder
hast, so mache es eben so, wie ich, und zeige,
wie sehr du den Mann schätzest, der sie erzieht.
Bilde deine Denkart nicht nach jenen, die den
Hofmeister nur für den ersten ihrer Domestiquen
ansehen, sondern betrachte ihn wie den Künstler,
der den Klotz erst ausbildet, den du der Welt
gabst. Aus diesem Ausdrucke können Sie auf den
Charakter meines Vaters schliessen, der in seiner
Art ein ganz sonderlicher Mann war. Um Ihnen
nähere Begriffe von seiner offenen Gemüthsart
beyzubringen, muß ich hier eine Annekdote berüh-
ren, die das Herz dieses Mannes ganz auszeich-
net, und die mir immer unvergeßlich ist. Wir
besuchten einst einen seiner besten Freunde; dieser
zankte sich eben, als wir zur Thüre hineintrat-
ten, abscheulich mit einem Manne herum, dessen
Anstand und Miene sehr viel versprach. Du
zankst dich ja, wie ein Gaubettler, fieng mein
Vater an; und warum? — Warum? erwiederte
                                        meines

meines Vaters Freund; welche Frage! Da hab
ich diesen Tagdieb bereits drey Jahre schon als
Hofmeister im Hause, und ich sehe nicht, daß
mein Sohn um ein Haar besser wurde. Du bist
mir ein seltner Mann, fuhr mein Vater fort;
du behandelst den Hofmeister deines Sohnes, wie
einen Küchenjungen, der eine Pastete versalzen
hat. Sey gerecht, und sag mir, ist es wohl
deiner Köchin Schuld, wenn Hammelfleisch här-
ter ist als Lammbraten? Das Ragout mag
wohl gut seyn, aber das Fleisch taugt nichts.
Nach deiner Denkart hast du eben soviel Schä-
tzung für deines Sohnes Schuhflicker als für seinen Erzieher. Du hast auch recht; dieser flickt
die Schuhe, und der das Herz, und Schuh und
Herz mag bey dir wohl eines seyn. Wenn du
aber foderst, daß der arme Flicker, der das Herz
deines Sohnes auspfuscht, dir bessere Arbeit
liefern soll, so hättest du ihm bessers Leder geben
sollen; dieses ist ja verteufelt schlecht, und läßt
sich nicht über den Laist schlagen. Solche und
dergleichen Einfälle hatte mein Vater mehr, die
ich der Menge nach erzählen könnte, aber ich
würde Ihnen lange Weile machen, und mich zu
weit von meiner Lebensgeschichte entfernen. Ich
war mit guten Grundsätzen erzogen, und liebte
die Lektüre, und die Einsamkeit. Ich weiß nicht,
woher es kam, die rauschenden Freuden der Welt
mach=

machten wenig Eindruck auf mein Herz; ich war
nie zufriedner, als wenn ich allein war, in der
Gesellschaft meines Vaters und meines wackern
Freundes, des rechtschaffnen Bronenfels (dies
war der Name meines Erziehers.) Ich war zwan=
zig Jahre alt, da wünschte mein Vater, daß ich
mich verheurathen sollte. Obwohl ich noch sehr
jung war, so fühlte ich doch die Wichtigkeit die=
ses Schrittes in seinem ganzen Umfange. Ich
wünschte mir eine Freundin an meinem Weibe
zu finden — ein Weib, daß ich nicht allein ih=
rer schönen Larve-halber lieben, sondern ihres
edlen Herzens wegen schätzen könnte. Ich suchte
mit meinem Freunde Bronenfels, und wir fanden
nichts. Wo wir hinsahen, trafen wir schöne,
junge, artige, arme und reiche Mädchen an —
Mädchen für die Welt, aber nicht für die häus=
liche Einsamkeit. Ein einziges machte uns auf=
merksam, so unbemerkt und abgesondert sie vor
der ganzen Welt lebte. Es war Philippine, ein
edles Kind. Sie lebte mit ihrer Mutter, die
eine Offiziers Wittwe war, und nährte sie mit
ihrer Arbeit. Ich meldete mich um das Mädchen;
wollte aber ehvor vergwißt seyn, ob sie mich auch
liebte. Ich verkleidete mich in einen Bettler,
und kam in hartem Winter vor ihre Thüre. Ich
stellte mich kränklich. Die Sorgfalt, die dieses
arme Mädchen für mich hatte, ihre Besorgniß
für

für mein Wohlseyn, alles was sie that — so ganz
aus guter Seele that, machte sie meinem Her=
zen unendlich werth. Ich sagte ihr, daß ich wohl
im Stande wäre, mein Brod zu gewinnen, daß
ich auch noch einige Freunde hätte, und, wenn
ich einst in der Welt glücklich seyn würde, wie=
der zurückkommen wollte, ihr ihre Gutthaten zu=
vergelten, und mein Herz, wenn sie es annähme,
mit ihr zu theilen. O ja! sagte Philippine,
kommt wieder, guter Jüngling, und ich will
euch getreu bleiben. Da entdeckte ich Philippens
Mutter meinen Stand, und alles war in kurzem
zur Hochzeit bereit. Kein Tag war glücklicher
für mich, als der Tag unsers Versprechens.
Mein Vater, Philippinens Mutter, mein Freund
Bronenfels, und alle freueten sich meiner Freude.
Etliche Stunden fern von der Stadt war eine
einsame ländliche Gegend, die ich oft besuchte.
Ein grosser See breitete seine Spiegelfläche zwi=
schen einer Reihe von Bergen aus, die dicht mit
Stauden von verschiedenem Grün bewachsen wa=
ren. In dieser Gegend wohnte ein alter Fischer,
diesen besuchten wir, und feyerten unter seiner
Linde das Fest unserer Liebe, und ergözten uns
nach einer mässigen Mahlzeit auf einem Nachen,
mit dem wir die See durchschifften: aber bald
war unsere Freude gestört — ewig gestört. Ein
Sturmwind erhob sich, und der See stürmte;
wir

wir konnten das Ufer nicht mehr erreichen. Der
Nachen wankte und stürzte um. Bronenfes ret=
tete mir das Leben, brachte mich ans Ufer zu
meinem Vater, der bey dem alten Schiffer saß,
und schwamm wieder in den See, um Philippi=
nen und ihre Mutter zu retten; allein sein Bemü=
hen war vergebens, auch er, der Redliche wurde
von den Wellen verschlungen, und so verlohr ich
die Mutter meiner Braut, Philippinen, und
meinen Freund in einer Stunde. Gott! wie
schrecklich war dieser Auftritt für mich! wie leb=
haft ist das Gemälde noch in meiner Seele!
noch sehe ich das unglückliche Mädchen, wie es
mit den stürmischen Wellen kämpft, noch sehe ich
meinen armen Freund Bronenfels, wie er hineilt
zu retten, wie er seine Arme ausstreckt, wie er
sinkt — Gott! verzeih' dem Gefühle meines Her=
zens; die Wunde ist noch nicht geheilet, die das
Unglück mir schlug: aber genug! — Ich trauerte
vier volle Jahre um Philippinen und meinen
Freund, mein Vater trauerte mit, und seine Ge=
sundheit wurde von Tag zu Tag schwächer. Sei=
ne Gesundheitsumstände und seine Bitte nöthigten
mich zum zweytenmale mich zu verheurathen.
Mein Herz war stumpf gegen die Eindrücke der
Liebe, und meine Seele hieng noch ganz an Phi=
lippinen. Man schlug mir ein Mädchen vor,
das meinen alten Vater durch Schmeicheleien

lieb=

liebgewann. Ich bemerkte, daß er es gerne sähe,
wenn ich Margarethen (so hieß meine zweyte
Braut) heurathete. Du kannst das Glück dieses
armen Mädchens machen, sagte er einst zu mir;
heurathe es, s'ist ein gutes Kind. Ich willigte
ein, und Margareth ward meine Frau : aber
kaum war sie es, so entlarvte sich dieses weibliche
Ungeheuer, und durch Verdrusse, die es mir,
und meinem Vater machte, brachte es den red=
lichen Greisen bald unter die Erde. Ich lernte
den schlechten Charakter dieser Person bald ken=
nen, und glaubte, daß jugendlicher Leichtsinn
viel Ursache an ihren Ausschweifungen seyn könnte.
Ich behandelte sie gut, und es schien, als hätte
wirklich meine Güte viel Eindruck auf ihr Herz
gemacht; allein das fälscheste aller Geschöpfe war
meiner müde. Sie buhlte mit einem schlechten
niedrigen Kerl, der ein gemeiner Soldat war,
und wünschte sich von meiner Person zu befreyen.
Sie brütete über verschiedene Entwürfe. Es fügte
sich, daß der König den Befehl publiziren ließ,
daß jeder Ausreisser eines Regiments, und jeder,
der einem Ausreisser aushilft, mit dem Leben
sollte durch den Strang bestraft werden. Da
fiel nun das gottlose Weib auf den Gedanken,
mich ins Netze zu bringen. Margareth war ganz
verändert; kein Weib war je zärtlicher gegen ih=
ren Mann, keine gefälliger als Margareth. Ich

wußte

wußte nicht, was ich aus ihr machen sollte; ich
dankte dem Himmel für ihre Veränderung und
vermuthete nicht im geringsten boshafte Tücke.
Als ich eines Tages etwas später als gewöhnlich
von meinen einsamen Spaziergängen zurückkam,
so umarmte mich Margareth, und überhäufte
mich mit Küssen. Guter Mann! sagte sie, der
Himmel gab uns nun eine Gelegenheit recht viel
Gutes zu thun. Ein armer unglücklicher Soldat,
der sich gegen die Subordination verfehlte, hat
sich zu uns geflüchtet; er ist verlohren, wenn du
ihn nicht rettest. Er ist der einzige Sohn eines
alten kränklichten Vaters — seine einzige Stütze:
denke, auch du hattest einen Vater, durch diesen
beschwöre ich dich, hilf diesem unglücklichen Men=
schen. Mitleiden und Redlichkeit riß meine Seele
hin. Ich gab dem armen Menschen, der sich zu
mir geflüchtet hatte, meine eigenen Kleider,
und ohne zu überlegen, wie sehr ich wider die
Befehle des Königs handelte, hörte ich keine an=
dere Stimme, als die Stimme meines Herzens.
Ich selbst führte diesen vorgeblichen Unglücklichen
bis an die Grenze: — wie groß war aber mein
Erstaunen, als man mich den andern Tag in
Verhaft zog; als ich erfuhr, daß eben dieser
vorgebliche Unglückliche der Buhler meines Wei=
bes war, und daß mich Margareth selbst bey
Gericht angegeben hatte. Ich wüthete vor
Schmerz,

Schmerz, und hätte die Unglückliche im ersten Zorne erwürgt, aber sie entfloh, nach dem sie meine Kassa ausgeleert hatte. Ich wurde verhört, und als ein Mann, der des Königs Befehle übertrat, auf zehn Jahre zum Festungsbau verurtheilt, und mein Vermögen konfiszirt. Er wollte noch weiter fort reden, aber der Morgen grauete schon am Himmel, und die Wache tratt herein, und berichtete; daß alles schon zum Abmarsche bereit sey. Der Unglückliche wurde wieder auf den Wagen geschlossen, und der redliche Korporal hatte kaum mehr Zeit, mir sein Lebewohl zu sagen.

Mit bedrängtem Herzen dachte ich oft über diese Geschichte nach, und manchmal saß ich auf meinem Zimmer, und glaubte den wackern Korporal zu sehen. Nach einem Jahre erhielt ich folgenden Brief.

Der Korporal, der auf dem Posthause zu N. die Nachtsuppe mit Ihnen aß, als uns das verwünschte Wetter überfiel, hat die Ehre, Ihnen zu berichten, daß der arme gefangene Mannthal nach drey Monaten von dem Könige pardonirt, und wieder in sein Vermögen eingesetzt worden ist. Sein böses Weib Margareth hat der Teufel geholt; das heißt: ihr Buhler stahl ihr

ihr

ihr Geld, und stürzte die Metze ins Wasser. —
— Hätte zwar nichts bessers thun können, allein
er wurde ertappt, und auf des Königs Befehl
aufgeknüpft. Ich bin losgekauft, und befinde
mich nun bey meinem Kaufmanne Maunthal
reichlich versorgt. Er läßt Sie grüssen, und
erlaubt mir, daß ich Sie auch zu einer Mittags=
suppe bitten darf. Kommen Sie gewiß! Eben
da ich dies schreibe, trinke ich auf des Königs
und ihre Gesundheit. Der Geyer! —— ich wür=
de Ihnen nicht gut seyn, wenn Sie nicht kom=
men. Hiemit Gott befohlen.

Ihr Korporal. —

Die Hütershütte auf dem Hirschanger.

Nahe an dem Isarstrand
Gieng ich neulich Hand an Hand
In Gesellschaft guter Leute
Einem Edlen an der Seite,
Und wir fanden gähling dort
Wirklich einen seltnen Ort. —

Mit der Einsamkeit vertraut,
War ein Häuschen aufgebaut;
Vielmehr war's nur eine Hütte:
Offen stund sie in der Mitte
Und die Wände rings umher
Waren von Geräthschaft leer.

Wenn ich mich nicht trüge, so
War das Lager nur aus Stroh
Und bestreut mit grünen Blättern
Fand man auf den leeren Brettern
Zu des Armen höchster Noth
Etwas Milch und schwarzes Brod.

Von

Von der Laſt der Jahre weis
Lebte da ein alter Greis,
Der aus ſeiner ganzen Miene
Glücklich und zufrieden ſchiene,
Wenn er gleich hie ſpät und früh
Hütete der Bauern Vieh.

Dieſes Mannes Zeitvertreib
Iſt die Arbeit, und ſein Weib
Und ein Knabe, von dem Frommen
Nur aus Liebe angenommen;
Drey Perſonen in dem Haus
Machen die Geſellſchaft aus.

Freundlich lachte uns der Mann,
Sah uns gut und redlich an;
Sein Geſicht war ohne Tücke
Und Zufriedenheit und Glücke,
Das des Frommen Herz beglückt,
War im Auge ausgedrückt.

Reitzend war für mich das Bild;
Meine ganze Seele fühlt.
Ruh, Genügſamkeit und Frieden
Sind das wahre Glück hiernieden:
Alles andere iſt Wahn:
Dieſes lehrte mich der Mann. —

In den Städten ſuche nie
Weisheit und Philoſophie;
Selten wird ſie angetroffen,
Denn die wahren Philoſophen
Wohnen meiſt inkognito —
In der Hütte auf dem Stroh.

Die Familie Gerner.

Der junge Baron von Gerner liebte das Fräulein von A** wider den Willen seines Vaters. Er gab weder seinen Zusprüchen, noch seinen Vorstellungen Gehör, und ausser der Heftigkeit seiner Leidenschaft machte auf Gottes weiter Welt nichts mehr Eindruck auf sein Herz. Celie hieß das Fräulein von A**; sie war schön und tugendhaft. Die ersten Eindrücke, die dieses Mädchen auf des jungen Gerners Seele verursachte, konnte weder Zeit noch Abwesenheit verlöschen: der Haß der Familie, der Zorn der Eltern; die Bedrohung enterbt zu werden waren nicht im Stande, den geringsten Grad der Liebe zu schwächen — einer Liebe, derer Flamme niemal heftiger loderte, als eben da, als man sie zu löschen sich bemühte. Celie war bereits im Stillen mit Gerner verheurathet; das heimliche Band, das diese Herzen vereinigte, und eben die schüchterne Stille und Verborgenheit dieses heiligen Geheimnisses gab ihrer Liebe doppelte Reitze, und vermehrte die Stärke ihrer Anhänglichkeit. Aber wo ist der Sterbliche, dem es

M   vergönnt

vergönnt ist, das Vergnügen in seiner ganzen
Lauterkeit zu genießen, daß nicht das eifersüchtige
Schicksal die Quelle seiner Reinheit trübet? —
So gieng es auch Celien und dem liebenden Ger=
ner. Gerners Vater bekam Nachricht von der
heimlichen Heurath seines Sohnes; Wuth und
Zorn bemächtigten sich ganz seines Wesens. Er
bedrohte seinen Sohn mit Gefängniß; Celien
mit Schändung, und schwur beym Himmel die=
sen Undank zu rächen. Ein alter Diener aus
Gerners Haus zitterte für Karls Schicksal; er
eilte zu ihm, und hinterbrachte ihm seines Va=
ters Absichten. Karl umarmte seine Liebe; Thrä=
nen hemmten das, was sein gedrücktes Herz seiner
Celie sagen wollte; die Furcht, daß man sie
trennen würde, knüpfte das Band der Liebe noch
enger; noch nie liebten sie sich so heftig, so un=
aussprechlich als itzt. Zufälle und Unglück prü=
fen Freundschaft und Liebe: nicht in stillen, hei=
tern Tagen, wenn kein Wölkchen am Himmel
steht; sondern in der Zeit des Sturmes ist die
Probestunde der Seelen. Celie drückte Karls
Hand an ihren Busen. Höre, sagte sie, höre!
wir wollen fliehen; ist meine Liebe dir werther,
als der Reichthum deines Vaters, so laß uns
weit von hier in einer seligern Gegend unser Glü=
cke suchen. Ja Celie! erwiederte Karl, an dei=
ner Seite allein bin ich glücklich. In der Lage,

in

in die ich dich ſetzte, konnte ich dir, meine Liebe!
dieſen Antrag nicht machen ; aber du ſelbſt
willſt, und mein Wille iſt ganz der deine. Ich
will ſehen, ob ich nicht die Großmuth einiger
Freunde rege machen kann, daß ſie uns zum
wenigſten eine kleine Unterſtützung geben, und
denn, Celie! — in wenig Stunden wollen wir
der Grauſamkeit unſerer Familie ſpotten, die die
ſüſſe Wohlluſt liebender Herzen nicht kennt. Karl
gieng hin, ſuchte und fand einige Freunde, die
ſeine Umſtände unterſtützten. Er ſuchte ſeine
Celie wieder, und die Nacht war zu ihrer Abreiſe
beſtimmt. Allgemach kam der Abend herbey;
der Thau benetzte die Wieſen und Matten, die
Roſe erhob wieder ihr zur Erde geſenktes Haupt,
und verbreitete Wonne durch ihren Wohlgeruch
über die Gegend, wo ſie blühte; die Sterne tra-
ten an Himmel und verkündigten das Daſeyn
Gottes in der Majeſtät der Nacht. Mit ängſt-
lich pochendem Herzen gieng Celie an Karls Seite,
bey der geringſten Bewegung eines Laubes zitterte
ſie, und fürchtete eingeholt und getrennt zu
werden: aber der Schutzgeiſt der Liebenden war
an ihrer Seite; glücklich flüchteten ſie ſich und
kamen an die Grenzen der Schweitz.

Karls Vater erhielt bald Nachricht von ſeines Sohnes Flucht; allein er kränkte ſich wenig

darum,

darum, und frohlockte vielmehr, weil er glaubte,
Elend und Noth würden ihn an den armen Flüch=
tigen rächen. Nothwendigkeit und Liebe sind die
Erzeugerinnen des Fleißes und der Industrie.
Karl und Celie waren glücklich; sie bemühten sich
Mittel zu finden, sich zu nähren. Eine alte
Frau, die sich Frau Hubert nannte, und einen
kleinen Handel mit Edelgesteinen trieb, nahm
sich dieser Unglücklichen an. Freundschaft und
Liebe, gleiche Denkart und gleiches Gefühl ver=
einigte sie bald, und Hubert, Karl und Celie
waren nun eine Familie. Der Mensch bedarf
wenig zu seinem Glücke; Genügsamkeit und Zu=
friedenheit gewähren es ihm. Glück — wahres
Glück liegt in uns selbst — in unserer Seele.
Der, der es ausser sich sucht, wird es nie finden.
Das Glück wohnt meistentheils in der Hütte.
Reichthum und Ehre —ihr Tirannen der Mensch=
heit! die Vorsicht hat euch von dem Glücklichen
entfernt, der ein Kind der Natur ist, und schickt
euch in Städte zur Selbstpeinigung der Thoren,
die meistentheils in Pallästen wohnen.

Zwey Kinder, ein Knabe und ein Mädchen
waren das Geschenke von Karl und Celiens Liebe.
Man sagte ihnen nie vor, wer sie waren, son=
dern das, was sie seyn sollten. Karl unterwies
sie in den Stunden seiner Erhollung, und lehrte
sie

sie gute Menschen. seyn ꝛ. Celie besorgte. die Haus-
wirthschaft und die Gesundheit ihrer Kinder.
Wenn Karl abwesend war, liebkosete sie die Kleinen, und erinnerte sich an ihren Vater, und
wenn Karl wieder zurück kam, so umarmte sie
ihn, ohne die Kinder zu vergessen. Unser Herz
erhält seine Grösse nur durch sanfte Gefühle; denn
wenn Empfindung unsere Seele stimmt, verschwindet das Leere in uns durch ihre göttliche
Begeisterung.

Einige Jahre lebten Karl und Celie mit stiller Zufriedenheit in Frau Huberts Hause, als
eines Tages ein Schlagfluß die arme Hubert überfiel, und sie den Armen ihrer Freunde entriß.
Alle Mittel, die Celiens Liebe anwandte, waren
vergebens, die Stunde des Todes schlug für Hubert, und bereits war sein Schleier über ihren
Antlitz gezogen; — — die Gute wahr nicht
mehr.

Ich schildere hier nicht die Eindrücke des
Schmerzes, die Huberts Tod auf Celien und
Karl verursachte. Ihr gute theilnehmende Seelen! ihr allein, die das Unglück und Selbsterfah-
rung zur Empfindung gestimmt hat — ihr alle ꝛ.
denkt euch ins Gefühl des Unglücklichen; euer
Herz ruft euch den Verlurst eines Freundes oder
eines

eines Geliebten zurück, und wer schildert alsdenn das Gefühl der Seele, wie eure Empfindung ist? — —

Nach Huberts Tode waren zwar Karl und Celie die Erben ihres kleinen Vermögens. Karl gab sich alle Mühe, das Gewerbe in die Höhe zu bringen, aber er war unglücklich, und sein Handel nahm täglich ab. Frau Hubert hinterließ auch eine arme Magd; sie nannte sich Marianne. Ihre Gemüthsart war ungekünstelt; sie war einfältig und redlich, wohlwollend und gut. Ich werde euch nie verlaßen, sagte sie zu Karl und Celien, ich will eure Magd seyn, wie ich Huberts Magd war; wenn ihr arm seyd, will ich eure Armuth mit euch theilen, mich freuen, daß ich euch nützlich seyn kann, und daß ich euch liebe. So sagte Marianne und Karl und Celie umarmten sie als ihre Freundinn. Allein alles Bestreben dieser redlichen Familie war vergebens sich über die Dürftigkeit hinauszusetzen: jeden Tag näherte sich die Armuth ihrer Hütte mehr, und die Folgen des Elendes, die sie begleiteten. Wenig Menschen wißen, was es heißt, arm seyn, besonders die Reichen und Adelichen nicht; wie ist es aber auch möglich? sie, denen es nie am Ueberfluße gefehlt hat, sie, die nie den Druck der Armuth empfunden haben, was es heißt: ich bin elend und dürftig, wie können solche

Men=

Menschen barmherzig seyn? und doch, wo sollen
die Elenden Erbarmen suchen, wenn sie es dort
nicht finden, wo Ueberfluß ist? — und doch ist
der wenigste Theil von diesen zu Gutthaten auf=
gelegt. Sie verleben ihre Tage im Taumel
der Sinnlichkeit; jeden Tag vermehren sich ihre
Bedürfnisse, ihr grosses Ich schwillt jeden Tag
mehr zur kolossalischen Masse auf, und raubet
den Niedrigen den Raum, den ihnen die Gottheit
in der Schöpfung anwies. Alles ist für das
Reichen Ich. Er giebt z. B. einem Armen, wenn
es ihm nur eben so beliebt, manchmal ganz ma=
schinenmäßig, ohne zu wissen warum; manch=
mal aus Schwäche, um sich den traurigen An=
blick eines Elenden vom Leibe zu schaffen; manch=
mal um etwas scheinen zu wollen, und so fort:
immer wegen sich selbst, nie des andern wegen.
Man liest empfindsame Geschichten, so, wie man
nach der Tafel Liqueur trinkt; weint über gewisse
Stellen, weil es so Mode ist zu weinen, oder
weil eine Thräne im Auge manchmal eine Ero=
berung gemacht hat. Was ich hier rede, rede
ich nicht aus Schwärmerey, leider aus genauer
Beobachtung und Erfahrung und Prüfung der
Menschen. Wie unglücklich ist denn das Schick=
sal des Armen, wie unglücklich selbst dieses des
Gutthätigen! Gutthätig sind meistentheils die,
denen die Natur ein edles Herz, aber das Schick=
sal zu wenig Vermögen gab: ist nun der Edle

gut

gut und wohlthätig, so drängt sich alles an ihn,
alles sucht bey ihm Hilfe, ohne zu bedenken, ob
die Kräfte des Wohlwollenden auch hinlänglich
sind, jeden zu unterstützen: denn ist auch der
Elende ungerecht, denkt nur auf seine Rettung
und nicht mehr auf seinen Erretter. Er gleicht
einem wohlthätigen Schwimmer, der sich in die
See stürzt, um so viel Menschen zu retten,
als in seiner Macht steht. Binnen der Zeit, als
der Gutthätige mit Gefahr seines Lebens herum-
schwimmt, sieht der größte Haufe müssig am Ufer
zu; alles schreit: Hilfe! aber die, die helfen sind
zu wenig, um alle die Unglücklichen zu retten.
Der Trieb der Selbsterhaltung treibt nur die Unglücklichen an; sie hängen sich alle an den gutthätigen Retter. Er ruft: Kinder! ich will
retten, so viel ich kann, aber alle kann ich
nicht retten, meine Kräfte reichen nicht hin:
aber man hört seine Stimme nicht; der Schwarm
von Unglücklichen umgiebt ihn, und zieht den
Wohlwollenden selbst mit in Grund. So ist das
Verhältniß von Reichen und Armen, Wohlwollenden und Dürftigen im Staate.

Elend und Verderben näherten sich über das
Haupt der Liebenden. Schon waren sie der äuß-
ersten Dürftigkeit ausgesetzt, und über das war
Celie noch krank. Man denke sich den jammer-
vollen Zustand des armen Karls. Ohne Rettung,
ohne

ohne Hilfe lag Celie dem Tode nahe. Da stund
Karl vor ihr, sah sie leiden, und konnte nicht
helfen. Sie wohnten unter einem schlechten
Speicher; der Regen netzte das Stroh, worauf
Celie schlief; seitwärts saſſen ihre Kinder, und
nagten an hartem Brod, und Marionne, die
freywillige Gesellschafterinn des Elendes stund in
der Ferne mit thränenvollem Auge. Es ist ein
schrecklicher Zustand arm und krank zu seyn, und
selten wird er von dem Reichen erwogen. Wer
das Bild der äuſſersten Armuth nie sah — nie
sah, wie weit der Mensch, unser Nebengeschöpf,
herabgewürdigt werden kann, der stellt sich die
Gräßlichkeit solcher Auftritte im Menschenleben
nie vor. Was ist der Mensch im Staate, wenn
er arm ist? unsere meisten Bequemlichkeiten hangen von dem Intereſſe des andern ab, der sie
uns verschaft, und wenn dieses Intereſſe nicht
mehr rege gemacht werden kann, wenn auch der
andere von seinen Diensten leben soll, und der,
der selbst hungert, des andern Hunger nicht stillen kann, wo ist denn Hilfe für den Elenden? —
— Geh nur zu den Thüren der Reichen, du
wirst wenige finden, die dir helfen. Der grßte
Theil scheuet das Gewinsel des Elendes, und treibt
den bittenden Armen von den Thüren, damit sein
Anblick ihn nicht beläſtige. Karl erfuhr die Härte
der Menschen; er flehte um Hilfe und fand keine.
Verzweiflungsvoll rang er seine Hände zum Himmel,

mel, und den letzten Gedanken flüsterte ihm Ce
liens Liebe zu, sie zu retten. Er rief die treue
Magd, die gute Marianne. Hier sprach er hast
du 20 Thaler; besorge das nöthige. Wenn Celie
um mich fragt, so sag ihr, ich sey fort, um
einige ausständige Schulden zu berichtigen. Wie?
fragte Mariane, wie, Sie wollen Celien verlas
sen? — Nein! erwiederte Karl, bey Gott! aber
mir bleibt kein anders Mittel übrig — —, ich
bin Soldat. Ich bitte dich, Marianne! verberge
Celien meine That bis zu ihrer Genesung. Das
Elend war dringend, mir bleibt sonst nichts übrig. Leb wohl, Marianne! lebt wohl, liebe
Kinder! — Marianne gehorchte dem Auftrage
ihres Herrn. Karl schlich sich jeden Tag ins
Haus, um zu wissen, wie es um Celiens Ge
sundheit künde. Celie war wieder hergestellt,
und endlich wagte es Marianne, ihr Serners
Unternehmen zu entdecken. Gott! schrie Celie
auf, der Grausame! warum ließ er mich nicht
sterben! Konnte er wohl glauben, daß das Leben
ohne ihn für mich einen Werth hat? Was wird
aus mir werden? — In diesem Augenblicke führte
Marianne Celiens Kinder herbey, und Celie fühlte,
wie viel ihr Marianne durch dieses so berebte
Stillschweigen sagen wollte. Celie umarmte ihre
Kinder. Marianne! fieng sie an, ihr und meine
Pflicht will es, alles für Karls Erhaltung zu wagen. Geh! gute Marianne! verkauf alles, was

ich

ich habe, ich will meinen Karl wieder haben, will ihn wieder loskaufen. Marianne that, was Celie begehrte, und verkaufte auch ihre Kleider mit, und brachte Celien das Geld. Celie eilte damit zu dem Obersten des Regiments, warf sich ihm zu Füssen, und schilderte in den rührendsten Ausdrücken ihre Umstände. Der ehrliche und wackere Offizier empfieng sie mit voller Güte. Womit kann ich Ihnen nütze seyn gute Frau?

Celie.

Gott im Himmel! mein Mann, um mir das Nöthige in einer tödtlichen Krankheit zuschaffen gieng hin, und verkaufte sich zum Soldaten. Was kann ich mit meinen Kindern ohne seiner? Hier ist Geld; ich will ihn loskaufen.

Der Oberste.

Was bleibt Ihnen denn übrig?

Celie.

Nichts; aber ich habe meinen Karl wieder, den Vater meiner Kinder, und in seinen Armen will ich Elend und Armuth vergessen.

Der Oberst.

Trösten Sie sich, er soll wieder ganz Ihnen seyn, auch ohne diesem Gelde. Ich will seinen Abschied schreiben. Des Königs erster Befehl ist der, keinen Unglücklichen zu machen.

Celie.

Celie umarmte die Knie dieses Rechtschaffe=
nen und netzte mit Thränen seine Hände. Nun
war Karl wieder in den Armen seiner Celie; aber
die kleine Summe Geldes war bald verzehrt.
Karl mußte fünf Personen nähren, und so spar=
sam sie auch lebten, so war dies Geld doch nicht
hinlänglich, sie vor dem Elende auf längere Mo=
nate zu schützen. Der Winter kam herbey, und
von Tag zu Tag wurden sie ärmer. Sie waren
gezwungen, die Stadt zu verlassen, und in einer
schlechten Hütte suchten sie nun Zuflucht und
Schutz. In einer halb zusammgefallenen Scheune
wohnten sie nun, und ihr Ruhebette war schlech=
tes Stroh. Celie bereitete aus selbem eine Lager=
stätte für ihre Kinder. O Gott! rief sie auf,
wie theuer bezahl ich nicht das Vergnügen der Lie=
be! — Arme Kinder! ihr kennet das Unglück in
seiner Völle noch nicht; daß Gott euch Stärke und
Muth geben möchte, es zu übertragen! — Karl
und Celie schienen äusserlich in ihrem Unglücke
ruhig zu seyn, aber innerer Gram zermalmte ihre
Seele. Die arme Marianne, die Brod für ihre
Herrschaft suchte, wurde in der Stadt von einer
Kutsche überfahren, und erbärmlich zugerichtet
in die Hütte zurückgebracht. Niemand schickte ihr
nach, niemand bekümmerte sich um sie; sie starb
in Karl und Celiens Armen. Es verfloß eine
Stunde nach der andern, und das Elend wurde
immer größer. Auf Celiens Wangen waren die
Züge des Hungers, und die Furchen des Grams
auf Karls Stirne. Es kam so weit, daß sie oft
einige Tage lang ohne Brod waren. Karl suchte
Arbeit, und fand keine; er bath um Hilfe, und
wo er hinkam, wurd er abgewiesen. Hofnungs=
los saß er einst Abends auf dem Stein einer Brü=
cke, und sprach die Vorübergehenden an. Da
fügte sich, daß ein reisender Krämmer mit einem
                                                Pack=

Packesel vorüber zog. Das arme Thier war mit
Waaren überladen, und unterlag der Bürde.
Karl sahs, und näherte sich dem Kaufmanne.
Herr! sagte er, ich will die Stelle eures Esels
vertretten, all eure Waaren tragen, wenn ihr
nur so gütig wäret, mein Weib und Kinder vor
dem äuffersten Elende, worinn sie sind, zu schützen. Der Kaufmann ward aufmerksam bey dieser sonderlichen Bitte, er drang in Karln, daß
er ihm die Ursache seines Elendes erzählen möchte,
und erkannte bald den jungen Gerner, mit dessen
Familie er genau bekannt war. Der Kaufmann
hinterließ der armen Celie und ihren Kindern etwas Geld, und ohne zu sagen, was seine Absicht war, rief er Karln bey Seite. Ich will,
fieng er an, euch ganz aus eurem Elende reissen,
wenn ihr Muth genug habt meinen Vorschlag zu
befolgen.

Karl.

Gott im Himmel! will ich nicht alles thun,
um Celien, um meine Kinder zu retten.

Der Kaufmann.

Nun, so überlaßt euch nur mir.

Karl nahm Abschied von Celien, und der
Kaufmann tröstete sie, daß sie gewiß und bald
sollten reichlich versorgt werden.

Binnen der Zeit, als der alte Gerner seinen Sohn
Karl verlohr, hatte er doch manche trübe Tage. Er
dachte zuweilen an ihn; allein die rauschende Freude
der Grossen, verdrang bald die Empfindungen des
Herzens. Gerners meiste Beschäftigung war nun
die Alchymie; er verlegte sich aufs Goldmachen,
und hielt sich in ganz unbekannten Städten auf.
Jeder armselige Quacksalber und Laborant hatte
Zutritt

Zutritt bey ihm.   Materialisten und Apothecker
wurden durch seine Wissenschaft reich, und Gerner, wäre sein Reichthum je erschöpflich gewesen,
wäre längst arm geworden.   Der Kaufmann,
von dem hier die Rede ist, war einer seiner ersten Lieferanten, der seine alchymische Küche ver-
sehen mußte.   Wenn Unwissende sich auf alchymische Versuche legen, so steigt ihre Raserey aufs
Höchste.   So gieng es auch dem alten Gerner.
Er hatte das Glück mit Bongrazius einem be-
rühmten Laboranten bekannt zu werden, und sie
waren nun schon so nahe an dem Stein der Weisen, daß ihnen nichts mehr als eine Kleinigkeit
fehlte.   Eure Exzellenz! sagte Bongrazius, die
Sache ist schon soviel als gewiß; nur mangelt
uns noch etwas weniges.

Baron Gerner.

Und was?

Bongrazius.

Wir hätten einen Menschen nöthig, der sich
entschliessen könnte, sich lebendig pulverisiren zu
lassen.   Aus diesem pulvere, als dem wahren
Elementarsalz müßte nun die essentia auri gezogen werden.

Gerner.

Und der Mensch wäre nun hin? —

Bongrazius.

Freylich; allein denken Sie — die grosse
Belohnung des Geheimnisses.

Gerner.

Nun wohl! aber wo werden wir so einen
Menschen finden? Es müßte mit Gewalt geschehen.

Bon-

Bongrazius.

Bey Leibe nicht! das würde alles verderben.
Der Mensch muß sich freywillig hiezu entschlies=
sen können.

Gerner.

Der Geyer holl dieses Geheimniß! Wer
wird so ein Narr seyn? —

Indessen sie so sprachen, tratt der Kaufmann
ins Zimmer, der von der Sache schon wußte.
Meine Herrn! fieng er an, ich fand nun ein
Subjekt, das ohne Zwang erbietig ist, sich le=
bendig zu Pulver machen zu lassen, aber mit
der Bedingniß, daß Sie sein Weib und Kinder
versorgen werden.

Gerner.

Ist es möglich? — Ich will alle seine Be=
dingnisse eingehen; sie sollen alle heilig erfüllt
werden.

Hier rief man den armen Karl bey Seite,
und eröffnete ihm den Antrag. Er erschrack an=
fangs, als er aber hörte, daß seine Celie und
seine Kinder glücklich seyn würden, gab er sein
Jawort. Baron Gerner, der im Grunde
ein schwaches Herz hatte, wollte den Un=
glücklichen nicht sehen. Der Tag war zu dem
grossen Unternehmen bestimmt; Karl schrieb noch
diesen Brief an Celien.

Liebe Celie!

Hienieden seh ich dich nicht wieder; ich habe
alle meine Pflichten gegen dich und meine Kinder
erfüllt, und ihr seyd nun glücklich. Gott wollte
es so, daß ich die heitern Tage eures Lebens nicht

mehr

mehr genieſſen ſollte. Wenn du und deine Kin=
der je wiſſen würden, auf welche Art ich euer
Glück erkauft habe, ſo würdet ihr an meiner
Liebe nicht mehr zweifeln. Lebt wohl! — Soll=
tet ihr meinen Vater einſt noch ſehen, ſo ſagt
ihm, daß ich ihn noch im Tode ſegnete.

      Dein   ewig getreuer Karl
                               von Gerner.

Am Tage des Unternehmens warden um 50,000
Gulden Wechſelbriefe für Celien ausgefertigt;
dieſe überlieferte man Karln, und er ſchloß ſie
dem Briefe bey, den er an Celien geſchrieben. Der
alte Baron ward endlich doch neugierig, dieſe
Seltenheit von einem Menſchen kennen zu lernen,
und ließ Karln erſuchen, ob es ihm nicht erlaubt
wäre den Brief zu leſen, den er an ſeine Fami=
lie ſchrieb. Karl, der nicht wußte, daß der Ba=
ron ſein Vater war, willigte ein; wie erſchrack
aber der alte Gerner, als er den Namen ſeines
Sohnes las; alle Empfindungen der Natur wur=
den auf einmal rege, er ſuchte ihn auf, über=
häufte ihn mit Küſſen, bath ihm ſeine Grauſam=
keit ab, und verſprach ihm, daß er nun ganz
für ihn Vater ſeyn wolle. Der Kaufmann hollte
Celien und ihre Kinder, und nach ſo langen har=
ten Schickſale genoſſen ſie nun die Freuden der
Natur und der Liebe. Der alte Gerner zerſchlug
alle Schmelztiegel und Retorten, und ſein ein=
ziges Vergnügen war nun, in ſeinen Kindern
wieder aufzuleben. Celie war ewig ihrem Karl
dankbar; nie vergaß ſie, was er für ſie hatte
thun wollen. Der guten Marianne bauten ſie
ein Grabmal in ihrem Garten, und die Kinder
zierten es an Frühlings Morgen mit Blumen,
und Karl bewieß, daß die Liebe ſtärker ſey, als
der Tod.

Ardostan.

Ein prächtiger Pallast erhob sich an den Ufern
des Indus; die Beherrscher von Bavah bewohn=
ten ihn seit Jahrhunderten. Was Grösse und
Pracht je in Orient bewunderungswerth machten,
war hier vereinigt durch die Kunst. Zierde und
Seltenheit waren in den treflichen Gebäuden,
und Natur goß ihre Reichthümer über die Gär=
ten und Haine, die dastunden wie die Gärten
Elisiums. Berühmt waren die Könige, die die=
sen schönen Ort bewohnten. Einige rühmte man
wegen der Pracht, die sie führten; andere wegen
ihrer Menschlichkeit. Diese waren verewigt durch
ihre Siege, und jenen waren noch Altäre des
Dankes errichtet, weil sie ihre Völker als Väter
regierten; die meisten Könige aber, die hier
lebten, wurden das Opfer des Neides und der
Bosheit. Die Kaiser von Indostan beherrschten
durch das Recht der Eroberer die Völker zu Ba=
vah; durch sie bekam Bavah Könige, die Indo=
stan erhob und wieder stürzte.

Ardostan, einer der besten Menschen, bestieg nun den Thron zu Bavah. Er dankte dem Brama für seine Erhöhung, und sah diese Würde als ein Geschenke der Gottheit an, wodurch sie ihm Gelegenheit gab, der Menschheit im weitern Umfange zu nützen. Glücklich waren die Unterthanen unter seinem Szepter, und bald ertönten Lobeslieder in Orients Gegenden. Eines Tages überdachte Ardostan das traurige Schicksal seiner Vorfahren, und erschräck, als er das fürchterliche Loos so vieler Würdigen laß. O mich Unglücklichen! rief er auf, wie niederschlagend ist der Gedanke! Das Bewußtseyn, daß mein Daseyn von Indostans Kaisern abhanget, ein Augenblick alles wieder zerstören kann, was ich gut machte — — ich belohne die Tugend und straffe das Laster; und der Unzufriedne wird hingehen, mich verläumden, und der Hof wird mich unangehört verurtheilen. — —

Der Schutzgeist von Bavah hörte Ardostans Klagen, er erschien ihm, und sprach so: Sohn des Staubes! warum zitterst du vor Indostans Kaisern, die Menschen sind, wie du? Was kann ganz Indostan wider dich, wenn Brama über dir wachet? Du zitterst und fürchtest die Macht der Grossen: was können sie dir rauben? — Gut und Leben, sonst nichts; und was ist Gut und

Leben

Leben für den, der Tugend im Herzen hat?
Folge dem rühmlichen Heldengeiste deiner Vorfahren; sie starben, aber sie leben noch in den Herzen ihrer Unterthanen, und geniessen noch jenseit
die Wonne, der Menschheit genützt zu haben.

Ardostan bückte sich tief in Staub. Verzeih,
rief er auf, einem Kinde der Erde, einem Sohne
des Todes, daß Menschenfurcht einen Augenblick
sich seines Herzens bemächtigte; ich fühle wieder
Muth, und will nichts als meine Leidenschaften
und das Laster fürchten. Ardostan regierte, und
machte tausende glücklich. Endlich gelang es der
Bosheit, ihn durch Verläumdungen vom Throne
zu stürzen; er verließ ihn mit Gleichgültigkeit, und
bedauerte nicht die Pracht, die er hingab, sondern
das Vermögen so viel Gutes unumschränkt wir-
ken zu können. Er zoh sich zurück, und verlebte
seine Tage in der Einsamkeit, begleitet von dem
Bewußtseyn guter Thaten. — —

Die Zahl der Bösen, die Böses wegen dem
Bösen thun, ist groß; aber die Zahl der Furchtsamen noch grösser, die darum Böses thun, oder
Gutes unterlassen, weil sie die Bösen fürchten.
Ich kenne Menschen, die, wenn sie ihren Nächsten durch eine Silbe retten könnten, es doch
nicht thun, weil sie fürchten, diese Silbe könnte
den beleidigen, in dessen Händen seine Rettung
steht.

Baron

Baron Krippe.
eine Fabel für stolze Jungen.

Auf einer himmelhohen Klippe
stund eine alte, alte Vest',
der Herr der Vest' war Baron Krippe.
Einst war es nur ein Räubernest,
doch heut zu Tag der Wohnsitz der Baronen,
die ein Jahrhundert es bewohnen.
Der Geyer hatte dort sein Spiel,
denn, wie der Pöbel sagen will,
(doch ist es nur des Pöbels Sage)
war diese Vest' der Menschheit eine Plage.
Man sagt, daß mancher mit Gefahr
des Lebens dort vorüber gieng,
und mancher gar den Tod empfieng,
als noch die Zeit des Faustrechts war.
Allein wer kann genau die Sache wissen;
vernünftig ließ sichs freylich schliessen,
daß Räuber einst dies Schloß besassen,
ja Räuber — so wie Räuber sind,
die heut zu Tag auf offnen Strassen
oft morden Mann und Weib und Kind,
denn man sah noch verschiedne Zeichen,
als Menschenknochen, Mordgewehr
in Thürmen und in hohlen Eichen
und andere solche Sachen mehr.
Doch dieses sind ja Kleinigkeiten,
es war die Mode dieser Zeiten,
doch war die Sage nicht ganz leer,
denn der Baron schrieb sich von diesem Raubnest
her.

Mord, Raub sind alter Stärke Proben,

und

und manch Geschlecht hat sich erhoben,
von dem der erste Mann ein Räuber war.
Man nimmt die Sach nicht so genau,
das Alter macht die Thaten grau,
und Vorurtheil und List und Fleiß
macht endlich auch das Schwarze weiß,
hierüber ist sich gar nicht aufzuhalten.
So wars der Brauch noch bey den Alten.
Man kömmt ich weiß nicht wie hinein
und bildet endlich selbst sich ein,
daß Rauben ein Beweiß von Stärke
und Morden sey der Helden Werke.
Hierüber will ich nicht g'ossiren,
ich würde nur die Zeit verlieren,
es ist nun einmal so,
und jedem Stärkern ist es eigen
auf Schwächern zu dem Glück zu steigen;
steht gleich kein Wort im Evangelio,
so handeln doch die Stärkern so.
Der Krippen altes Urgeschlecht,
das zählte nun schon dreyßig Ahnen.
Veit Krippe stunde im Gefecht,
und Kaspar, der trug einen Fahnen.
Hans war ein Mann von seltner Art,
und trug den längsten Knebelbart,
und Valentin zerbrach den größten Felber
wie Spreu, und Lorenz köpfte Kälber
trotz einem Henker mit dem Schwert:
und, wie uns noch die Cronik lehrt,
war Adam treflich in dem Jagen;
er hatte manchen Wolf erschlagen,
und kämpfte selbsten wie ein Bär
mit Beckern in dem Wald umher?
Mit einem Wort, es hieß: ein Krippe und ein
                                        Mann;
sagt, ob man mehr noch sagen kann?
Im grossen Saal, um theuer Geld bezahlt,
                                        war

war jeder Baron Kripp' lebendig abgemahlt.
Da hiengen sie, verewigt durch die Farben,
und wenn sie gleich vor hundert Jahren starben,
so waren sie so lebhaft da,
als wenn man sie seit gestern sah.
Der letzte Zweig aus diesem edlen Stammen
war Nikol Kripp', berühmt schon durch den Namen,
doch mehr noch durch den Knebelbart
und seine seltne Lebensart.
Er konnte zwar nicht schreiben und nicht lesen,
doch wenn er von sich selbsten sprach,
gieng er beym Geyer keinem nach,
und wärs ein Doktor selbst gewesen.
Von allem wußte er zu discuriren;
bald war er Philosoph, bald Theolog,
und hitzig war er so im disputiren,
daß manches Glas an manchen Schedel flog.
In sich war er zwar dumm — so dumm — und wie?
so dumm, als nur ein rechtes Vieh.
So hatte er beym Volk den Namen,
doch war es nur die schlimme Welt,
die ihn für dumm und böse hält,
denn sagt, es reimt sich nicht zusammen,
nein! wirklich, nein!
so eseldumm, und Baron Kripp' zu seyn.
Der Mann, der hatte einen Sohn,
er konnte essen, trinken schlafen,
und gab den Leuten viel zu schafen;
man nannte ihn den jungen Herrn Baron.
Wohlan! der junge Herr soll nun erzogen werden,
und die Erziehung giebt Beschwerden:
und weil es bey uns Mode ist,
daß man noch Bürger sey und Christ,
so muß man bey der Mode bleiben,
und Baron Kripp ließ nach der Hauptstadt schreiben
nach einen Mann, den man auf Jahre miethet,
Hofmeister nennt, und wie dem Knecht gebietet,

zu

zuweilen schimpft, und manchmal zankt,
sehr karg bezahlt, und selten dankt.
Der Mann kam an, und Krippe ließ ihn vor,
und nun war Krippe Aug und Ohr.
Hier gieb ich Ihnen meinen Sohn,
so sprach der alte Herr Baron.
Er ist ein Jung voll Fähigkeit,
hat Anlag zur Gelehrsamkeit,
er kann gewiß noch zum Gelehrten,
und gar zum Philosophen werden:
Wir alle sind schon von Geburt gediehen,
wir alle sind Natur-Genien;
zum Beyspiel ich, ich kann von allen räsoniren,
Prozesse wie ein Doktor führen,
wie ein Professor disputiren,
wie Rechenmeister kalkuliren,
wie ein Gelehrter doktoriren,
als Theolog moralisiren,
gleich Generalen kommandiren,
gleich einem Baader Bart rasiren,
gleich einem Fechter spadoniren,
gleich einem Arzten judiziren,
und wenn es Noth hat, auch klistiren,
und überdas bey Tisch tranchiren,
und alle Zweifel leuteriren,
und immer etwas spintisiren,
und alles in dem Haus regiren,
und wie ein Kaufmann spekuliren,
um mich noch mehr zu enrichiren,
kann ich auch manchmal laboriren,
den Stein der Weisen auch forciren,
die Kranken in dem Haus kuriren,
und meine Bauern chagriniren,
daß sie oft halb vor Gall krepiren:
hab doch mein Leben nie studirt,
und keine Silbe buchstabirt,
und keine Stunde praktizirt,

mich

mich in der Jugend divertirt,
und meine Meister nur vexirt,
und meine Eltern chagrinirt,
und die Bedienten molestirt,
und schon als Bube karessirt,
und vielele tausend depensirt,
und wie ein Maulthier debauchirt,
und doch, mein Herr! sehn Sie mich an,
bin ich ein wackrer Edelmann.
Mein Sohn, das weiß ich sicherlich,
mein Sohn, der wird ein Mann wie ich.
Hier zitterte der Ehrenmann,
und fieng mit leiser Stimme an:
Sie werden mir doch pardoniren,
ich will mich wieder retiriren,
denn ihr Herr Sohn braucht nicht studiren,
Sie würden nur Ihr Geld verlieren,
er würde doch nicht reussiren.
Ich kann, mein Herr! nicht courtisiren,
Sie werden mich doch excusiren,
mich deucht ja, es besitzt ihr Sohn
schon gänzlich alles zum Baron;
doch wenn, ich es ja sagen darf,
der Ausdruck ist zwar etwas scharf,
zu was braucht man Erzieher hier?
Ihr Junge gleicht ja einem Thier.
Sie hätten mich nicht rufen sollen,
wenn Sie nur Junker haben wollen,
ich bin ein Mann, und meine Pflicht
zieht Menschen, keine Junker nicht.
So sprach der Mann und Baron Krippe
zerbrach ihm Arm und eine Ribbe,
und warf ihn gar aus seinem Haus
zum Fenster in den Hof hinaus.
Nun hat's ein End das disputiren,
den Sohn wird Kripp' selbst eduziren;
er sollte sich nur appliziren,

und täglich eine Stund studiren:
doch er wollt' lieber debauchiren,
und endlich kams gar zum mordiren,
der Sohn der schlug den Vater todt
und war selbst der Welt zum Spott.
So hörte nun der Lebenslauf
und das Geschlecht der Krippe auf.

Ein einzig Wort, ihr jungen Herrn!
ich sags, ihr hörts vielleicht nicht gern,
doch ist es wahr, so wahr, als heut die Sonne
scheint,
und redlich ists und gut gemeynt.
Ein Mensch der keine Tugend hat,
der ist ein Unding in dem Staat:
er ist nicht mehr als nur ein Thier,
und ist er auch ein Cavalier.
Die Welt will edle Gaben,
ein gutes Herz und Tugend haben,
durch Fleiß erwirbt man sichs mit Müh,
und keine Ahnen geben sie.

Der Liebesritter.

Der Wind, der fieng im Ozean
erbärmlich an zu heulen,
und Wogen thürmten himmelan
gleich hohen Wassersäulen.

Der Bootsknecht zog die Segel ein
und die Matrosen schelten
und fluchen in das Schiff hinein,
als wollt's das Leben gelten.

So,

So, wie die Buben ungefähr
   mit Oebstlerballen spielen,
so warf Neptun das Schiff umher,
   um seinen Muth zu kühlen.

Bald warf er selbes himmelan
   bis zu Junonens Bette,
bald senkt er es, so tief er kann
   zu Plutons Kabinette.

Es heulte auf Neptuns Geheiß,
   zum Untergang verschworen,
Herrn Aeols loses Windgeschmeis
   erbärmlich in die Ohren.

Es war des Sausens gar kein End,
   kein End von Furcht und Wimmern,
und endlich gieng beym Sapperment,
   das ganze Schiff zu Trümmern.

Nur schwamm der Ritter Pétenair
   bey dieser Wasserreise
mit seinem Knecht am Ufer her,
   naß, wie die armen Mäuse.

Mit Frau Fortunen mißvergnügt,
   saß Pétenair am Strande,
und dachte, wie sichs manchmal fügt,
   betrübt aufs trockne Lande.

Sein Kammerdiener Mardigras,
   ein Mann wie Stahl und Eisen,
der sprach, Monsieur! was thun wir da?
   wir wollen weiter reisen.

Monsieur, sagt' er, par mon honneur
   nach Teutschland woll'n wir gehen;
dort soll es ja — sans avoir peur
   mit uns bald besser stehen.

Un

Un étranger bey meiner Seel
  iſt bey den ſchönen Frauen
ſtets gut willkommen, et en elles
  hab alles mein Vertrauen.

Der Ritter von papier maché
  kam alſo angeritten
zwey Ellen hoch war ſein Toupé
  und vorn ſein Haar geſchnitten.

Wie eine Blutwurſt war ſein Zopf,
  wie Blumenkohl die Locken;
am Leib war auſſer ſeinem Kopf
  ſonſt gar kein guter Brocken.

Sein Kammerdiener hintendrein
  mit zwoen Eſtaffeten
die ſpornten ſo ins Pferd hinein
  als wollten ſie es tödten.

Der Peitſche wiederhollter Knall,
  das Klatſchen ihrer Zungen,
verſammelte nun überall,
  die Alten und die Jungen.

Der Jungfer und die Mademoiſelle,
  das Fräulein und die Tante,
ihr Hündchen, Lillas, Pimpernelle,
  und Möpschen und Charmante:

Und alles, was nur Fülſſe hat,
  in Hoſen und in Röcken,
das lief nun in der ganzen Stadt
  zu allen Fenſterſtöcken.

En Fichù, à la Pompadour,
  en Malbrouk, und in Hauben,
und mit zerriſſener Friſur,
  en Flügel weiſſer Tauben.

Und was man noch am meisten sah
  an Damen und an Zofen,
war von der Farb Dauphin caca,
  die allerschönsten Stoffen.

Der Ritter zog mit eigner Hand
  aus seiner Reitertasche
von allerbesten eau de la vande
  schier eine ganze Flasche.

Er goß davon mit einem Glas,
  und zwar im galloppiren
sein ganzes Hemd und Kleider naß,
  der Spaß war zum krepiren.

Denn fieng er noch im vollen Lauf
  nach Mädchen an zu schielen,
und guckte im Galopp hinauf
  mit grossen Augenbrillen.

Endlich kam unser seltne Mann
  in schönster Galloppade
im Gasthof bey dem Schwane an.
  voll Puder und Pomade.

Sogleich verstreut' sich das Gericht,
  so viel ich hab vernommen:
ein Mann, der gut franzbsisch spricht,
  der sey hier angekommen.

Er kommt aus einem fremden Land,
  und noch dazu geritten;
hat eine schöne weisse Hand
  und andere Meriten.

Nun war kein Mädchen wirklich da,
  die er nicht gleich entzückte,
und die es nicht mit Wonne sah,
  wenn er sich vor ihr bückte.

                   Gewiß!

Gewiß! es ist ein schön Gesicht,
　　hieß es, um den Franzosen,
wie er, so weiß ein Teutscher nicht
　　den Mädchen liebzukosen.

Als wie ein Vogel springt er ja
　　die Gassen auf und nieder;
bald ist er dort, bald ist er da,
　　und trillert schöne Lieder.

Wie artig ist nicht seine Stimm,
　　wie artig seine Miene;
ein Teutscher ist ja gegen ihm
　　nur eine Holzmaschine.

Die ganze Stadt, die war nun voll
　　von seinen seltnen Gaben,
der Kopf war jedem Mädchen toll,
　　und jede wollt' ihn haben.

Und nun entstund die jalousie
　　und Eifersucht und Schmählen,
und nun gabs in der Compagnie
　　stets etwas zu erzählen.

Du kennst ja wohl, fieng jene an,
　　die schöne Baronesse,
der Fremde (was sagt wohl ihr Mann?)
　　der nahm sie zur Mätresse.

Ich würde nicht bey meiner Ehr
　　von ihm Visite nehmen,
wenn ich die Frau Baroninn wär,
　　so würde ich mich schämen.

Des andern Tages in der Früh
　　kam Pétenair in Garten
und er fand dort nicht viele Müh
　　der Gräfinn aufzuwarten.

Und

Und schalt sie den vergangnen Tag
  gleich auf die Baronesse,
so war sie doch von gleichem Schlag
  in puncto der Foiblesse.

Der alte Graf, der war ein Herr,
  von dem wir lernen sollen;
Er kam zu seiner Frau nie mehr
  bis sie ihn selbst ließ hollen.

Das heißet man bey uns galant,
  nach unsern Modezeiten
wers anders macht, ist ein Pedant,
  und taugt nicht zu den Leuten.

Hat sich ein Weib den Kopf verbrennt,
  und wills der Mann nicht leiden,
daß man ihn einen Hahnrey nennt,
  so läßt dies unbescheiden.

Ja wirklich mit dem Spizebart
  und mit den langen Hauben
verfiel die alte Lebensart
  und Unschuld, Treu und Glauben.

Nur herrscht noch bey dem Bürgerstand
  und manchmal in der Hütte
beym Bauernvolke auf dem Land
  die Redlichkeit und Sitte.

Dieß wußte nun der Junker nicht,
  und glaubte jede Baase
und jedes Mädchens schön Gesicht
  sey was für seine Nase.

Schon auf der Falle lag der Speck
  für diesen jungen Lecker;
im Blumengäßchen an dem Eck,
  da wohnt' ein Apothecker.

Vor Kurzem nahm er sich ein Weib,
　　schön war sie wie Helene;
der Junker sah zum Zeitvertreib
　　auch diese junge Schöne.

Es schmeichelten dem Weibchen sehr
　　die hübschen Complimenten,
und alles, was ihr Pétenair
　　ließ gut und schönes senden.

Ist votre mari nicht jaloux
　　und hat er Art zu leben,
so können Sie mir Rendez - vous
　　ganz ohne Anstand geben.

So sprach der Pétenair, und sie,
　　die Frau ließ sich verführen
und gab dem losen Chevalier
　　die Stund zum karessiren:

Allein der Mann, der war ein Gauch,
　　dem es an Witz nicht fehlte,
er schmeichelte dem Weibchen auch,
　　bis sie ihm all's erzählte.

Du bist mein, fieng er an, und ich
　　lieb dich aus ganzem Herzen;
die Herrn, die sind so adelich
　　und wollen mit uns scherzen.

Glaub mir, ein solcher Tropf soll nie
　　ein ehrlich Weib verführen
Ich will ihm die Galanterie
　　ein wenig expliziren.

Er fieng nun auf der hölzern Bank
　　was an zu präpariren,
und richtet einen Kräutertrank
　　und kühlende Clistiren.

Nun

Nun kam der arme Ritter an
    zum Weibchen hingegangen,
und wurde selbsten von dem Mann
    aufs höflichste empfangen.

Mein Weib hat mir es schon erzählt,
    ich will Sie auch kuriren;
der status morbi, wo es fehlt,
    der hebt sich durchs Clistiren.

Verlieren Sie nur nicht den Muth,
    Sie müssen sich bequemen,
(denn allzuhitzig ist Ihr Blut) —
    den Kräutertrank zu nehmen.

Der Ritter sah erbärmlich drein,
    und wußte nichts zu sagen;
man goß ihm das Decoctum ein
    für den verdorbnen Magen

Und weiters wurd ihm nach dem Trank
    aus einer grossen Flaschen
gebunden auf der langen Bank
    das Eingeweid gewaschen.

Der Mann sprach, meine Medizin;
    die ist nun gut im Leibe;
nun ziehen Sie in Frieden hin,
    und lassen Sie mein Weibe:

und kommen Sie mir nochmal her,
    mein Weib zu molestiren,
so laß ich Sie noch dreymal mehr
    als heut geschah, clistiren.

Dann gieng der arme Chevalier
    gesund und stark und heiter
nach diesem guten Recipe
    aus Teutschland wieder weiter.

Morgenlied.

O wie freudig ist der Morgen,
   wenn die Sonne sich erhöht,
und die Seele, frey von Sorgen,
   zu dem Gott der Schöpfung fleht!

Wenn in jener sanften Stunde,
   wo es auf den Bergen tagt,
meine Seele ihre Wunde
   ihm, dem Gott der Liebe klagt;

Wen sie sich nach Labung sehnet,
   und voll reiner Zuversicht
zu ihm, der die Herzen kennet,
   von Gefühl der Liebe spricht.

Freude füllet mein Gemüthe,
   alles, was auf Erden lebt;
sieht den Abdruck seiner Güte
   in der Schöpfung eingewebt.

Bey dem Würmchen, das im Staube
   sich zu meinen Füssen krümmt,
fühlt mein Herz durch reinen Glaube
   sich zur Gotteslieb gestimmt.

In dem Silber der Narcissen,
  in der Rosen Morgenroth,
in den Quellen, die dort fließen
  seh ich lebend meinen Gott.

Selbst in meinem ganzen Wesen
  fühl' ich seine Gütigkeit:
in mir selber kann ich lesen
  den Beruf zur Seligkeit.

Voll von jener sanften Freude
  strömet hoffnungsvoll mein Blut,
und ich denke, wenn ich leide,
  jenseits geht es wieder gut.

Wenn die Menschen mich auch plagen
  und verfolgen ohne Schuld,
will ichs' Gott, dem Treuen, klagen,
  und der giebt mir denn Geduld.

Wollen Feinde mich auch tödten,
  röthet ihren Dolch mein Blut:
will ich sterben, für sie bethen,
  denn auch du, mein Gott! bist gut.

Meine Hofnung will ich bauen
  Vater! nur allein auf dich,
und auf dich allein vertrauen,
  denn du hilfst mir sicherlich.

Wahrheit bist du, Gott! und Liebe,
  ich dein Kind, und du mein Gott!

Keine

Keine Stunde sey mir trübe
und kein Leiden und kein Tod.

Es verschwindet hier die Sonne
wie des Menschen Lebenslauf,
und geht mit verjüngter Wonne
jenseits dieser Erde auf.

Nahe sind wir an der Quelle,
nahe sind wir an dem Licht,
wenn unsterblich unsre Seele
durch des Körpers Hülle bricht.

Denn fällt durch die Kunst der Kleister
aufgelegte Tugend ab,
denn dort in der Welt der Geister
steigt die Wahrheit aus dem Grab.

Der Bürger und der Soldat.

Aus dem Krankenhaus entlassen
schlich ein armer Füselier
kränklich durch die langen Strassen
zu dem Bräuer um ein Bier.

Er greift in die leere Tasche
und fand weiter nicht viel Geld:
es trägt — glaubt er — eine Flasche,
als er es beyläufig zählt.

Er ſaß auf dem Ofenſchemmel,
  und ſo gut ſeit einem Jahr
war ihm nicht die beſte Semel,
  als ihm ſchwarzes Brod nun war.

War ſein Brod gleich ſchwarz und trocken,
  war es ihm doch gutes Brod;
und er dankte jeden Brocken
  in der Stille ſeinem Gott.

Herr! ſprach er denn zu dem Bräuer
  ſeht mich nicht unwillig an:
all mein Reichthum iſt ein Dreyer;
  ich hab heut zuviel gethan.

Seyd ſo gütig, nur bis morgen,
  denn ich hab mich überzählt,
meine kleine Schuld zu borgen;
  morgen bring' ich euch das Geld.

Morgen, eh die Lerchen ſingen,
  ſtell' ich mich hier wieder ein,
euch den Ueberreſt zu bringen,
  ſonſt will ich nicht ehrlich ſeyn.

Morgen kommt zu mir zum eſſen,
  fieng der gute Bräuer an;
und er ſuchte unterdeſſen
  etwas Münze für den Mann.

Ihr ſollt mich nur beſſer kennen,
  ſo ein kleines Bagatell

werb'

werd' ich euch ja nicht mißgönnen;
wahrlich nicht, bey meiner Seel!

Soviel kann ich ja noch geben,
daß ein Mann zu essen hat;
und werth war mir wie mein Leben
stets ein redlicher Soldat.

Esset nur, so lang's euch schmecket,
und kommt täglich nur zu mir:
für euch ist mein Tisch gedecket,
und für euch ist auch mein Bier.

Denn ließ er die Suppe richten,
eine ganze Schüssel voll.
Bey Erfüllung seiner Pflichten
schmeckt das Essen doppelt wohl.

Besser als am Hof im Saale
muß das Essen bey euch seyn:
ich lad' mich zu eurem Mahle,
guter Bräuer! nächstens ein.

Elmire.

Elmire.

Umrungen von kleinen Gebüschen stand in einem
blühenden Thale Elmirens Wohnung. Kein Pallast, das Werk der Eitelkeit und der Pracht verbarg da sein stolzes Haupt unter den Wolken.
Kleine, niedrige Hütten, die Wohnungen der
Armuth und der Redlichkeit waren die Zierde
dieser Gegend. Ruhig konnte man hier unter
Rosengebüschen schlummern, ungestört vom Gerassel der Karossen. Man hörte hier kein Getümmel leidenschaftlicher Menschen; harmonisch ertönte die Schalmey des Schäfers an den ruhigen
Ufern, und das Geblöcke der Lämmer auf der
Walde. Kein bleiches Gespenst, erzeugt im
Schoose der Weichlichkeit schlich hier durch die
Fluren. Die Mädchen waren schön und liebreich
wie die Blumen, die ringsumher blühten. Die
Sonne hob sich aus dem Schoose des Oceans,
und vergüldete diese glückliche Gegend, und die
Mädchen stunden am Ufer, und putzten sich vor
dem Spiegel der Natur, vor der rauschenden
Quelle. Zum Nachttisch diente ihnen die blumigte
Wiese, und sie fanden den Ersatz von Pomaden
und Essenzen in dem Balsamduft, und im Aroma
der Kräuter. Ungekünstelt und leicht war ihr

Putz;

Putz; nachlässig flatterten die Haare, und geheimnißvoll deckte ein Rosenstrauch ihren Busen.

Unter diesen ländlichen Mädchen zeichnete sich Elmire durch ihre Schönheit aus. Ihr Wuchs war schön, und ihre Haare glichen an Farbe dem schwarzen Agat; ihre Augen waren schmachtend, und ihre Lippen lächelten Unschuld und Wonne. Elmire kannte die Liebe noch nicht; sie war vierzehn Frühlinge alt. Sie schlummerte jeden Abend ruhig, und ihre Träume waren Träume der Unschuld. Sie glaubte mit ihren Lämmern zu spielen, oder Blumen zu pflücken, und am Morgen öffnete der junge Tag ihre Augen zum Vergnügen.

Eines Tages waidete sie ihre Schaafe; der Himmel wurd trübe, und die Sonne verbarg ihren Antlitz unter den Wolken. Elmire war ruhig, und band Kränze von Blumen.

Das Gewitter wurde stärker; Blitze leuchteten fürchterlich am Himmel, und nun floh das Mädchen in den nahen Tannenwald. Dort waren nun Aderbel und Dubler, zween Jünglinge, die das Band der engsten Freundschaft verknüpfte. Sie lagen ausgestreckt im Gebüsche, ermüdet von der Jagd. Ein grosser Tannenbaum breitete seine Aeste über sie aus, und schützte sie vor dem Ungemach des heftigen Regens. Sie sahen Elmiren, und gleiches Gefühl wurd' in ihrem Herzen rege.

Lange

Lange sprachen sie da mit dem unschuldigen Mädchen, und unterhielten sich; denn Natur lag in
ihr, und ungekünstelt waren ihre Worte. Sie
begleiteten das Mädchen bis an das Haus ihres
Vaters, und versprachen ihr, sie oft zu besuchen.
Sie kamen auch oft, recht oft, und entdeckten
Elmirens Vater ihre Absicht. Sie war rein;
Dubler wollte Elmiren zur Gattin. Aber nun
war Aderbel verzweiflend; er entdeckte seinem
Freunde die Heftigkeit seiner Liebe. Dubler heftete seinen Blick zu Boden, und Blässe überdeckte
seine Wangen. Unglücklicher Freund! fieng er
an, und umarmte den redlichen Aderbel; die Heftigkeit meiner Liebe gegen Elmiren grenzt an die
deine; ohne Elmiren kann Dubler nicht leben,
und doch will Dubler eher sterben, als die Geliebte seinem Freunde Aderbel rauben. Edler
Freund! sagte Aderbel, ich denke wie du; ich liebe
Elmiren, aber ich will sie fliehen, unglücklich
seyn, und dir den Besitz dessen überlassen, was
du liebst. Als sie so sprachen kam Elmirens Vater, der die Jünglinge von Herzen liebte. Freunde! sagte er, läßt Elmiren entscheiden; sie soll
die Gattin dessen seyn, den sie dem andern vor-
zieht. Dubler und Aderbel willigten in den Vorschlag ein; man rief Elmiren: sie kam, aber sie
entschied nicht. Aderbel und Dubler sind Freunde, sagte sie, und jeder hat gleiche Ansprüche
auf mein Herz, ich liebe beyde, und werde mich
nic

nie für einen erklären. Vater! sagte sie, seht sie
als eure Kinder an, und ich will sie als meine
Brüder ansehen, und wir wollen so im Schoose
der Unschuld und der Wonne leben. Aberbel sah
sich nun als den Störer von Dublers Glücke
an, und Dubler glaubte die Ursache von Aberbels
Unglück zu seyn. Die Pflichten der Freundschaft,
sagte Aberbel, fodern es, daß ich der Liebe entsage, und so sagte auch Dubler, und jeder nahm
sich vor, Elmiren zu fliehen. Fest war der Entschluß in ihrem Herzen. Da saßen sie noch an
einem Abend Hand an Hand unter einer Linde,
sprachen von Freundschaft und Liebe, von Trennung und Tod. Elmire schlang ihre Arme um
beyde Freunde, und ihr alter Vater saß bey ihnen, und erzählte ihnen von der Herrlichkeit der
Natur. Da zog sich ein Gewitter am Himmel
auf; alles flüchtete sich, nur sie saßen noch unter
der Linde, und bey dem Ausdruck der Liebe hörten sie das Stürmen der Winde nicht, noch das
Gerassel des Donners; ihre Seele bethete in Won-
negefühl den Ewigen an. Elmire stützte ihr
Haupt an die Brust ihres Vaters; einen Arm
streckte sie um Dubler aus, die andere Hand nach
Aberbel. Aberbel hatte sein Aug zum Himmel
geheftet, und Elmirens Hand drückte er an sein
Herz. Dubler lag mit seiner Stirne auf Elmirens Rechten, und der alte Vater hatte sein Antlitz
zum Himmel gewandt. So fand man die Liebenden

benden. Ein Blitzstral, der die Linde splitterte,
tödtete sie. Die ganze Gegend bedauerte die
Redlichen; man baute ihnen ein herrliches Grab-
mahl, und setzte ihnen eine Innschrift.

Die Bethschwester.

✻

Aus einer Kirche zu der andern
pflegt Frau Therese stets zu wandern,
schwarz wie die Nacht ist ihr Gewand
und in der langen magern Hand
da hängt — gewiß, es wird nicht fehlen
ein Rosenkranz von sechzehn Ellen.

✻

Früh, wenn der Franziskaner läutet,
ist sie schon zum Gebeth bereitet
und tönt die Glock St. Augustin,
so läuft sie auch zu diesen hin;
stets, wo die meisten Menschen laufen,
ist auch Therese bey dem Haufen.

✻

Sie trappelt schier durch alle Strassen
und macht verschiedene Grimmassen,

und

und bleibt an jeder Ecke stehn
gemahlte Bilder anzusehn,
und bückt sich tief, und klopft voll Schmerze
erbärmlich sich auf Brust und Herze.

❊

Sie plappert immer in der Stille
und surrt wie eine Wassermühle,
die Plapperey nennt sie Gebeth,
die auch kein Engel nicht versteht:
ich werde mich gewiß nicht irren,
zur Zeit muß sie die Lippen rühren.

❊

In ihrem Bethbuch in der Menge
giebts Bilder nach der Breit' und Länge
und Wettersegen abgedruckt,
und kleine Zetteln, die man schluckt,
und ehe sie wird die Andacht schliessen,
so muß sie jedes Bildniß küssen.

❊

Bey alle dem ist Frau Therese
als wie ein Satan schlimm und böse
und richtet in und ausser Haus
die Menschen ganz erbärmlich aus.
Kein Mensch ist wie sie unbescheiden
und gleichet ihr im Ehrabschneiden.

Die

Sie schmäht stets auf die bösen Zeiten,
und weiß doch alle Neuigkeiten.
Es giebt ja keine Tugend mehr,
spricht sie, und putzt die Leute her,
daß, wer ihr je in Mund gekommen,
der ist erbärmlich hergenommen.

Mein Gott spricht sie, und dreht die Augen,
des Nachbars Sohn will gar nichts taugen;
doch itzt fängt schon die Messe an,
wißt ihr wohl, was er kürz gethan?
man sagt; ich sags euch unverhohlen;
er hat den Vater gar bestohlen.

Doch still! itzt, Liebe! muß ich bethen,
noch eins! Frau! seht ihr dort die Ketten,
die dort die junge Lise trägt?
sie weiß ja schon, wie viel es schlägt:
und diesen weissen Modekragen —
ich wollt ihr, Frau! noch vieles sagen.

Doch es ist besser still zu schweigen.
Mit Fingern wollt' ich auf sie zeigen.

Still!

Still! still! ihr Vater ist ein schlechter Christ,
der nie in der Legende list,
darum läßt er so die Mädchen laufen,
wenn er nur kann im Wirthshaus saufen.

❀

Ich hab mir alles aufgeschrieben:
wo bin ich im Gebeth geblieben?
Nun bin ich wirklich ganz zerstört:
doch, Frau! sie hats ja selbst gehört,
und sahs vielleicht mit eignen Augen,
daß Martins Töchter gar nichts taugen.

❀

Verzeih mir Gott zu guter Stunde!
(Hier küßt sie mit verzertem Munde
ein heilig Bild in ihrem Buch.)
Gewiß trift sie noch Gottes Fluch,
so fuhr sie fort, die schlimmen Leute;
sie werden all' des Teufels Beute.

❀

Behüt mich Gott von diesem Bösen!
ich laß mir die Legende lesen
und höre fleißig Gottes Wort,
und bethe früh und spät noch fort,
und bin ich gleich in hohem Alter,
so beth' ich täglich meinen Psalter.

Nun

Nun fleht ein Bettler um Erbarmen,
und Frau Therese fährt den Armen
mit rauhen Worten schrecklich an:
Fort! fort, du unverschämter Mann!
das wird man ja bey Gott nicht hören,
mich itzt in dem Geboth zu stören.

Der Arme weint, im Gottes Namen!
spricht er; ihr sollt mich nicht verdammen,
ich bitte euch, durch euren Gott
o helfet mir aus meiner Noth!
Ein Kreuzerstück, das kann mich retten.
Nein! Frau Therese, die muß bethen.

Sie sieht der Armuth Thränen fliessen
der Arme sinkt zu ihren Füssen,
er fleht — er stirbt — sie rettet nicht,
sie bethet, sie vergißt die Pflicht —
die heiligste — den Menschen retten
und die Gottlose — sie will bethen! — —

Sie bethen nicht, die Gleißnerinnen,
der Satan sitzt in ihren Mienen,

ihr

ihr Plapperey ist kein Gebeth!,
wenns Herz nicht zu dem Schöpfer fleht.
Unselig ist denn jene Stunde
denn man ehrt Gott nur mit dem Munde.

❀

Mit dem Gebeth läßt sich nicht scherzen:
die wahre Andacht ist im Herzen.
Wer nicht erfüllt des Christen Pflicht,
der Mensch, der bethet wahrhaft nicht.
Denn Bethen heißt: den Geist erheben
um Christo ähnlicher zu leben.

❀

Ihr glaubt, wenn ihr den Nächsten drucket,
euch dann vor den Altären bücket,
ihr werdet durch die Plapperey
denn von dem Last der Sünden frey.
Nein ihr betrügt euch, wahrer Schmerzen
ist Busse, und die ist im Herzen.

❀

Wer beichtet, und wird nicht gerechter,
wer bethet, und wird täglich schlechter,
der Mensch, der kennt nicht seine Pflicht,
den Glaube und auch Christum nicht.
Mit Rosenkränzen in den Händen
sucht er nur Gott und Welt zu blenden.

Wohl

❋

Wohlthätigkeit und Bruderliebe,
die sind des Glaubens reinste Triebe;
doch Heucheley, Bigotterie,
die kennen diese Triebe nie.
Der Geist zu tödten, auszurotten
ist Geist des Satans, der Bigotten.

❋

Wer fröhlich Gott die Psalmen singet,
dem Nächsten Hilf in Nöthen bringet,
und thätig, so wie Christus liebt,
den Armen und den Kranken giebt,
ist Gottes Kind; wer ihm will gleichen
muß Christo nicht an Liebe weichen.

Das Vergiß mein nicht.

Ein gar ein liebes Mädchen saß
  im Wald bey einer Quelle;
ihr Auge war von Thränen naß,
  Schmerz war in ihrer Seele.

Sie hatte so ein lieb Gesicht,
  das jedermann entzückte;
das Blümchen war Vergiß mein nicht,
  das sie an Ufern pflückte.

Da stund das Mädchen traurig da,
  und drückte es an Munde:
als ich das gute Mädchen sah,
  war mir mein Herz auch wunde.

Ich sah es an, und Schritt auf Schritt
  belauschte ich die Schöne;
sie weinte, und ich weinte mit,
  und freute mich der Thräne.

Bald sah sie, daß ich Antheil nahm,
  sie hob die Augenlieder,
und winkte mir, und als ich kam,
  saß ich mich zu ihr nieder.

Sie reichte mir die schöne Hand,
   und da sie ihre Blicke
betrübt zum Himmel aufwärts wandt,
   so zog sies schnell zurücke.

Wer bist du Freund, so sagte sie,
   dem ich die Hände gebe?
Ich schmerzte keinen Menschen nie,
   glaub mir, so lang ich lebe.

Ich schwör' es dir, mit Zärtlichkeit
   daß ich die Menschen liebte,
und nie aus Bosheit oder Neid
   ein Menschenherz betrübte;

Und nun — nun zitt're ich vor dir,
   vor jedem, der dir gleichet,
weil meine wunde Seele hier
   vor jedem Menschen weichet.

Erzogen war ich auf dem Land,
   entfernt von Stolz und Neide;
ein Blumensträuschen und ein Band
   war meine ganze Freude.

Ein Jüngling kam, und sagte mir,
   daß er mich zärtlich liebe:
ich glaubte — ich gesteh es dir,
   und fühlte gleiche Triebe.

Ich

Ich ward dem schönen Jüngling gut;
   und wollte er mein Leben,
mein Haab, mein Daseyn und mein Blut
   so hätt' ichs ihm gegeben.

Als er an meinem Busen lag,
   mit mir in Blumen spielte;
so sagte er mir jeden Tag,
   wie heftig daß er fühlte.

Ich glaubte ihm: — denn sag mein Freund,
   weiß die Natur vom Lügen?
Bey ihr ist alles gut gemeynt;
   nicht sie, nur Menschen trügen.

Wie selig, denk' ich manchmal nach,
   wie selig war die Stunde!
noch hör ich seine holde Sprach,
   und häng an seinem Munde.

Ich lieb' dich, Röschen! so sprach er,
   und du bist ganz die meine;
und er verließ mich — o wie schwer!
   verzeih mir, wenn ich weine.

Ich lebe, und ich glaub' es kaum,
   ich fühle Quaal im Herzen;
mein Daseyn ist ein schwerer Traum,
   mein Leben ist nur Schmerzen.

P 2   Die

Die Eltern sind schon längsten todt,
   und wenn ich Schmerzen klage,
so hab ich niemand auffer Gott,
   dem ich mein Leiden sage.

Dies Blümchen, dies Vergißmein nicht
   sagt mir, daß er mich liebe;
so däucht es, daß dies Blümchen spricht,
   wenn ich mich so betrübe.

Sieh nur, mein Freund! wie sanft, wie schön,
   wie hold sind ihre Blätter!
Es spricht: er eilt dir beyzustehn,
   Gott ist der Unschuld Retter.

Nicht wahr, ja! es verkündigts mir,
   sieh nur dies holde Wesen,
dies sanfte Blau, dies Gelbe hier,
   wie deutlich kann ichs lesen.

Sieh dieses Blümchens Sittsamkeit,
   es wächst nicht an Pallästen;
man pflückt es in der Einsamkeit,
   nicht zu der Pracht der Festen.

Hier wo oft in Melancholey
   versenkt die guten Leben;
hier blüht es unbemerkt und frey,
   dem Herzen Trost zu geben.

               Hör!

Hör! wie dies Blümchen zu mir spricht,
    was kann mich mehr entzücken?
Der Schöpfer, der vergißt mich nicht,
    soll alle Welt mich drücken.

Hier nimm! sprach sie, und Fried' und Ruh
    sey mit der Menschheit wieder;
denn schloß sie ihre Augen zu
    und öffnet sie nicht wieder.

Noch fühle ich, was ich empfand,
    so oft ich an sie denke;
ich nahm dies Sträuschen, das sie band,
    zu einem Sterbgeschenke.

Der betrogne Kaper.

Hört, liebe Leute! hört! ich will euch was er=
                                        zählen,
horcht zu, und höret die Geschicht.
Es wird vielleicht nicht vieles fehlen,
ihr haltet sie für ein Gedicht;
doch keine Fabel ist sie nicht.
Wahr ists, ja wahr; doch welche Frage
wer zweifelt denn? den Vater kennt ihr ja,
der wars, im Winter langen Tage
erzählt' er mirs, daß ers mit Augen sah.
                                Horcht

Horcht nur; in einer grossen, grossen Stadt,
die viele Thürm und viele Häuser hat,
und weite, grosse, lange Brücken;
wo's Herren giebt, mit Kahlkopf und Perücken,
und Frauenzimmer mit Frisuren,
so hoch, als wie die Thürme sind.
Mit Pendeloquen an den Uhren;
wo manche Stutzer, schon halb blind
mit eignen Augen kaum mehr sehen,
und stets mit Augengläser gehen,
just da — ich weiß nicht, war's in Indien,
in Frankreich oder Spanien,
vielleicht war es wohl gar in Schwaben,
wo die Geschicht sich soll ereignet haben.
Nun da, da war ein junger Herr,
er war an Witz und an Verstand nicht leer,
denn konnt' es ihm an Weisheit fehlen,
nachdem die Großpapas schon 20 Ahnen zählen.
Der Junker, der stund wahrhaft da
wie weiland sein Herr Großpapa,
er war, wie er, in jedem Falle
Ingenium universale.
Man weiß ja, wenn die Reichen sterben,
daß ihre Kinder auch die Weisheit erben,
und wenn mir einer widerspricht,
so sag ich ihm gleich ins Gesicht,
mein Herr! das Ding versteht er nicht.
Weiß er, die meisten jungen Herrn
und Junker lernen gar nicht gern

und schwingen sich doch in die Höh,
drum liegt es schon in sanguine.
In sanguine, probatum est,
liegt aller Weisheit Ueberrest,
und pflegt von einem Kopf zum andern
ab intestato mitzuwandern.
So wars auch da; der junge Herr Baron
trug einen grossen Kopf schon von Natur davon,
und wenn ich des Verstands Grösse
nur halb nach dem Verhältniß messe,
so folgt schon die conclusio
der Kopf ist groß; ergo die ratio.
Nach einem Gläschen guten Wein
fiels unserm jungen Herrchen ein,
in fremde Länder fortzureisen.
Den Einfall wird ein jeder preisen,
denn sagt: was kann wohl besser seyn?
Fort nach Paris. Schon sind wir da,
und schreiben schnell der Frau Mama:
die Stadt ist schön; wir kaufen Kleider,
und sehen Mädchen, Kaufleut, Schneider,
und kommen denn, o welches Glücke
fürs Vaterland! halb krank zurücke.
Nun schnell fort nach Italien,
die Sängerinnen dort zu sehn;
und schon mit Frankreichs Schuh und Solen
besteigen wir nun die Gondolen,
und nun sind wir auch wieder da
vom Golfo di Venezia.

Der

Der junge Herr war in der Weite,
er reiste nach der Läng' und Breite,
und kommt als wie ein Indlau,
so wie er fortgieng, wieder an.
Die Schwarzen soll er doch auch sehn,
nun ja! man reist nach Indien,
und wirklich ja, schon kommen Briefe,
der junge Herr sitzt schon im Schiffe:
Mein Gott! wie ist er itzt entkommen,
wie übel hat mans nicht genommen,
der einz'ge Erb, der einz'ge Herr,
so hieß's, der geht itzt gar aufs Meer.
Nun wohl! in Gottes heil'gen Namen!
Weil Herr Baron im Meer so schwammen,
da kamen nach der Läng' und Queer,
sehr schlimme, schlimme Kaper her,
und alles ward im Schiff gefangen,
gemetzelt oder aufgehangen.
Ja keine Seele kam hier los,
der Kapper fährt nach Barbados,
der Junker liegt nun auch in Ketten,
und sucht vergebens sich zu retten.
Gebunden fest an einen Keil
both ihn der Kaper jedem feil.
Allein kein Käufer fand sich nicht,
ein jeder sah ihm ins Gesicht,
denn als sie Kunst von ihm begehrten,
und nichts als Dummheit von ihm hörten,
so schlich ein jeder sich davon,

und

und sprach: ein Narr kauf den Baron.
Der Kaper war nicht zu verdenken:
er wollte endlich ihn verschenken,
ich bring ihn sonst ja gar nicht an,
so sprach er: doch der liebe Mann
betrog sich; auch selbst zum verschenken
war nicht einmal daran zu denken.
Zum Himmel hob er seine Hand.
Gott, rief er, welch ein fressend Pfand!
was thu ich nun mit diesem Gauchen,
zu gar nichts ist er ja zu brauchen,
die Kosten sind für mich zu groß,
ich laß den Narren lieber los.
Er will ihn selbst zurücke senden,
und bath ihn mit gefaltnen Händen
nur fortzugehn; er will kein Geld.
Nun kommt fürs Vaterland zum Glücke
der junge Herr ins Land zurücke,
und zwar gar aus der neuen Welt.
Die Sklaven, will man sicher sagen
pflegt itzt der Kaper stets zu fragen,
ob kein Baron bey ihnen sey:
und kann er nur im g'ringsten zweifeln
schickt er den Schwarm zu allen Teufeln
und läßt die Kerls wieder frey.
Er jagt mit seinem Schiff davon
aus Furcht, es käme ein Baron.

Die

Die Fabel trift den Edlen nicht,
für euch, ihr Jungen! ists gericht,
die ihr nur stolz auf eure Titel,
auf Reichthum pochet und auf Mittel,
da euch der Kluge in der Welt,
für weiter nichts als nur für Thoren hält.

Die alten und die neuen Zeiten.

Verzeiht, wenn ich nach meiner Art
    von alten Zeiten singe;
das runde Krös, der lange Bart,
    die waren gute Dinge.

Dort war noch Wort, dort galt der Mann,
    dort hielt man sein Versprechen,
und hat mir einer Schimpf gethan,
    so durft' ich Lanzen brechen.

Auf Ehre hielt man dort sehr scharf,
    und wollts ein Bube wagen,
wenn ich mich so erklären darf,
    so nahm man ihn beym Kragen.

Dort galt noch Tapferkeit und Muth,
    und war ein Spaß zu bitter,
so giengs auf Leben und auf Blut,
    so schlugen sich die Ritter.

Auf

Auf Liebe hielt man wie auf Gold,
  und so auf Treu und Glauben;
war mir ein gutes Mädchen hold,
  so durft' mirs keiner rauben.

Man puderte dort nicht das Haar
  den Mädchen zu gefallen;
zu selber Zeit war die Gefahr
  und Muth der Werth von allen.

Der Mann, der viel im Krieg erlitt
  mit Schweiß bedeckten Wangen,
der wie ein Löw in Kämpfen stritt,
  der war stets gut empfangen.

Wenn Blut noch von der Stirne rann,
  und Schweiß die Wangen deckte,
und fürchterlich der tapfre Mann
  im Feld die Feinde streckte:

Da kam sein Mädchen hold und gut
  zum Kämpfer hingegangen,
und trocknet mit der Hand das Blut
  von seinen wunden Wangen.

Sie lohnte ihn mit einem Kuß,
  so feurig wie die Sonne,
und was ein Ritter dulden muß,
  war Freude nun und Wonne.

Man gieng mit neuem Muth in Streit,
   das Mädchenbild im Herzen,
sahs an, und Muth und Tapferkeit
   besiegten Quaal und Schmerzen.

Und kam man denn vom Feld zurück,
   war keine Stunde trübe,
der Held genoß sein ganzes Glück
   in Zärtlichkeit und Liebe.

Hingegen war das Weib ein Weib,
   Sie wußt' den Mann zu achten;
sie hatte Geist und nicht nur Leib,
   und Augen um zu schmachten.

War mir ein Mädchen zugethan,
   so harrt' sie mir mit Treue,
und dort, dort fühlte nie ein Mann
   geliebt zu haben Reue.

So war die Zeit der Ritterschaft;
   wo ist so eine Dame?
Wo so ein Mann von solcher Kraft?
   Uns bleibet nur der Name.

Der Ritter nun als Held im Kampf
   der hat längst ausgeritten;
aus Frankreich kam Vapeur und Krampf,
   und änderten die Sitten.

                             Ein

Ein Mann muß mit gescheertem Bart
   nun für die Dame tretten,
und nach der neuen Lebensart
   nicht lieben — nein! anbethen.

Kein Helm deckt mehr sein edles Haupt;
   die lächerlichsten Hüte,
ist dieser Ausdruck mir erlaubt,
   verändern Herz und Sitte.

Ein Kleid nach Frankreichs Modeton,
   das voll von Knöpfen wimmelt,
das trägt der Ehrenmann, und schon
   ist er so ganz verstümmelt.

So wie das Kleid, ist auch das Herz
   geschmeidig klein geworden.
Erkaufter Spaß, gezwungner Scherz
   und Falschheit aller Orten.

Ihr Diener, spricht man, edler Herr!
   und ich empfehl mich ihnen,
ich freue mich vom Herzen sehr
   kann ich in etwas dienen?

Nun gut! ich nimm den Mann bey Wort,
   er soll mir wirklich dienen.
Nun lauft er wie ein Windspiel fort,
   und macht verschiedne Mienen.

Was

Was ists? so dienet mir! wohlan
es war ja Complimente;
so spricht er nun; der falsche Man,
nun hat die Hilf ihr Ende.

Ein andrer voll von Höflichkeit
empfiehlt sich mir zu Gnaden;
und er geht hin mit Dreustigkeit,
und sucht mir still zu schaden.

Der Geyer soll euch gnädig seyn!
wollt ihr mich ruhig lassen?
packt doch mit euren Lügen ein,
und euren Hofgrimmassen.

Dies alles nennt man Politik
die Art am Hof zu leben;
um dieses Leben ward das Glück
der Menschheit hingegeben.

Itzt schwätzt man da, wo Thoren sind,
in einem langen Saale;
ist mit den besten Augen blind,
und hungert bey dem Mahle.

Vergöttert, was man still verflucht,
liebt, was man sagt zu hassen;
kein Laster bleibt hier unversucht,
wie kann der Mann sich fassen?

In

In tausend Masken eingehüllt
   sucht schlechtes Interesse,
das nun verschiedne Rollen spielt,
   nichts als nur eigne Größe.

Die Wissenschaften sind ein Tand,
   die Tugend Spiel der Thoren;
so haben Fürst und Vaterland
   den Redlichen verlohren.

Der teutsche Schutzgeist floh davon
   verscheucht durch böse Sitten;
so hat die teutsche Nation
   den Umsturz schon erlitten.

Erlitten — ja! was sind wir dann?
   Sagt, was wir einstens waren,
und messet nun den heutgen Mann
   mit dem vergangner Jahren.

Wie tief sank nicht der Muth herab,
   was ist wohl unsre Jugend?
Mit unsern Eltern in dem Grab
   liegt Redlichkeit und Tugend.

Seht dort der Alten Ebenbild,
   bewundert ihre Züge!
wenn euer Herz nichts edles fühlt,
   so sagt mir, daß ich lüge.

Von

Von Männern, die im grauen Bart
   in alten Schlößern hangen,
zu diesen geht, um Muth und Art
   zu lernen, mein Verlangen.

Ihr teutscher Blick voll Redlichkeit
   soll Fürstenlieb mich lehren;
ihr Aug voll edler Tapferkeit
   den Weg zu wahren Ehren.

Und seh ich denn mit teutschem Sinn
   von jenen alten Mauern
auf euch ihr Puppenmännchen hin,
   so will ich euch bedauern.

Hieronymus wird klug.

Eine Erzählung.

Erfahrung macht die Menschen klug. Was
sind wir ohne dieser wohlthätigen Lehrmeisterinn?
Freylich ist es manchmal zu spät, wenn Erfahrung uns lehrt, was wir längst aus dem Munde
des Weisen hätten wissen können, wenn wir aufrichtig seine Lehren befolgt hätten: aber nein!
der Mensch glaubt selten, hört die Warnungen
des Gutmeinenden nicht; er geht seine eigenen
Wege — glücklich, wenn sie ihn nicht ins Verderben führen.

Fichtenhain war in einem kleinen Dorfe in
Teutschland gebohren. Arm waren die Eltern,
die die kleine Hütte bewohnten, wo er den Tag
sah, und es schien, sein Schicksal habe ihn verurtheilt, daß er da auch wieder sterben sollte, wo
er zu leben anfieng. Fichtenhain war noch ein
Knabe, und schon däuchte ihn der Stand verächt-
lich, in dem er lebte, und unglücklich fühlte er
sich, wenn er das schlechte Kleid besah, das seine

Blöße

Blöſſe deckte. Er verließ das Dorf ſeiner Eltern,
eilte einer Stadt zu, und ſuchte dort Menſchen-
glück, das er bey den Bewohnern niedriger Hütten nicht zu finden glaubte.

Fichtenhain hatte Verſtand, und ſeine Ge-
ſtalt war einnehmend. Er gefiel einer Dame,
die ihn ſah, und ſie ließ ihn erziehen. Er bildete ſich bald aus, und im ſechzehnten Jahre ſeines Alters wurde er auf ihre Empfehlung bey
einem Grafen als Hausſekretär angeſtellt.

Die Sache geht gut, ſagte ſich Fichtenhain,
aber alles muß noch beſſer gehen. Er bewarb
ſich um ein reiches Mädchen, fand es, und hei-
rathete. Nun war er der Beſitzer einiger hundert tauſend Gulden, ein Mann von Anſehen,
denn er hatte Geld: Grafen und Freyherrn bück-
ten ſich vor ihm, und er ſpeißte bey Marquis
über Tafel, und Damen luden ihn zum Caffee
ein, wenn ſie Geld brauchten. Fichtenhain war
aber ein reicher Filz, der jede Gelegenheit zu
nützen wußte, und er gab nichts aus ſeinem Beutel, was nicht doppelt wieder zurück kam. Drey
Jahre war Fichtenhain verheurathet, als ihm
ſeine Gemahlin einen Sohn zum Geſchenke ihrer
Liebe gab. Baron Spielbrun, der beſte Freund
von Fichtenhains Haus ward zur Gevätterſchaft
gebethen, und Fichtenhains Erbe erhielt nun den
Namen Hieronymus.

Als

Als Hieronymus die Welt sah, war sein
Vater schon Besitzer verschiedener Rittergüter,
und hatte schon ein Adelsdiplom. Fichtenhain
war vor Freude ganz ausser sich. Wenn er nun
seinen Sohn sah, so däuchte es ihn, er sehe nach
Jahrhunderten den Stammenbaum des alten
Geschlechts von Fichtenhain. Seine einzige Beschäftigung war itzt die, seine Familie zu erheben. Er wurde von der gefährlichsten Krankheit
des Verstandes, von der Adelsucht, befallen.
Historiker und Diplomatiker speißten täglich an
seiner Tafel, und zu Ehren der Genealogie und
Heraldik wurde manche Bouteille Rheinwein ge-
leert. Menschen, die von der Schwachheit der
andern Nutzen zu ziehen wissen, sammelten sich
bald um den ruhmsüchtigen Fichtenhain, und
in kurzem machten ihm die Gelehrten den Kopf
so toll, daß er sich wirklich einbildete, seine Familie wäre schon eine der ältesten in der Welt.
Alle Familien, die sich mit Fichten, Fachten,
Fochten, und Fuchten anfiengen, und mit hain
oder hin endeten, wurden durchsucht, und endlich
fanden die Genealogen soviel Wahrscheinkeit, daß
gar kein Zweifel übrig blieb, daß Fichtenhain
schon jemals eins der berühmtesten Geschlechter
der Welt müsse gewesen seyn. Freylich kostete es
zu weilen äusserste Mühe, dort und da anzubin-
den: allein die Schwierigkeiten hoben sich doch.
Man leitete die Familie aus Irland her, klam-

Q 2   merte

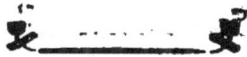

merte sie an eine andere an, und so weiß ich
selbst nicht wie erhielt Fichtenhain ein ganzes
Archiv authentischer Urkunden seines uralten Her-
kommens. Das Ansehen seines Standes erfor-
derte nun auch, seine Familie, die bisher mit
einen wenigen Gehalte auf ihrem Dorfe gelebt
hatte, nach der Stadt zu ziehen. Fichtenhain
that es; allein sein alter Vater weigerte sich lang,
und man sagte, daß ihre Unterredung über diesen Punkt sehr hitzig war.

Der alte Fichtenhain.

Du hast mir viel Gutes gethan, mein Sohn!
und ich danke dir auch herzlich dafür: aber warum willst du denn, daß ich nun den Wohnsitz
unsrer Väter verlassen soll? — Ich bin lieber auf
dem Lande; laß mich da ruhig.

Fichtenhain Sohn.

Ich bin nur Graf, und kann daher nicht
gedulden, daß ihr ein Bauer seyd.

Vater.

Wie ist nun dies zugegangen? — Du ein
Graf! — — Wie bist du zum Grafen geworden?

Sohn

Hier ist mein Adels Diplom.

Vater.

Ja, wahrhaftig! — Aber sag mir lieber
Sohn! wie kannst du denn itzt ein Graf seyn,
da ich doch ein leibhafter Bauer bin?

Sohn.

Wir sind schon von uralter adelicher Familie; die Genealogen haben es bewiesen.

Vater.

Die Herrn. Genealogen mögen wohl gute
Herrn seyn; aber verzeih mir mein Sohn! für
dießmal haben sie sich betrogen, denn mein Groß-
und Urgroßvater waren Bauern.

Sohn.

Ihr werdets ja nicht besser als die Gelehrten verstehen wollen! —

Vater.

Die Gelehrten werden mir aber doch den
natürlichen Menschensinn nicht abdisputiren. Ich
weis es gewiß, daß wir seit hundert und noch
mehr Jahren her Bauern gewesen, und noch
Bauern sind.

Sohn.

Das ist alles falsch: — und wie! ihr könnt
so niedrig denken, und etwas behaupten, das
meiner Ehre entgegen ist?

Vater.

Deiner Ehre — — o du undankbares Kind!
schämst du dich vielleicht deiner redlichen Voreltern, die ihr Brod im Schweiß ihres Angesichts
ehrlich verdient haben? — Wenn ich das wüßte,
so würde ich dich verabscheuen; nein! unsere Voreltern

eltern waren Bauern, ehrliche Bauern; haben ihren Fürsten redlich gedient, und ich will es laut sagen, wer wir sind.

Sohn.

Ich bitt' euch, Vater! um alles in der Welt, Ihr würdet mein Unglück machen.

Vater.

Dein Unglück, wenn ich sage, daß wir ehrliche Leute waren? — Pfui, schäm dich, du stolzer Narr! du! — — Aber sag mir doch einmal, wer sind denn die Herrn, von welchen du abstammen willst?

Sohn.

In den spätesten Zeiten gab es Herrn von Fochtenhain; diese waren — —

Vater.

Fochtenhain und Fichtenhain geht nicht zusammen. — —

Sohn.

In den ältern Zeiten änderte man oft die Buchstaben, und aus dem von Fochtenhain konnten die von Fichtenhain entstanden seyn.

Vater.

Und das läßt du dir so weiß machen? — — Das ist gewiß, daß sie dich aus einem vernünftigen Manne zum Narrn gemacht haben. Laß mich mit diesen Neckereien, ich will der

Welt,

Welt nicht zum Spaß dienen. Ich bin der
Bauer Fichtenhain, und will der Bauer Fichtenhain bleiben; und wenn du Ursache hast, dich
meiner zu schämen, so hab ich doppelt Ursache,
daß ich mich deiner schäme, der du dich so zum
Besten haben läßt. Alle diese deine Genologen
— oder wie du diese Kerls nennst — sind nicht
im Stande, mir einen Mann an die Seite zu
stellen, der dem redlichen Bauer Caspar Fichtenhain gleichet, und der bin ich.

Sohn.

Seht nur einmal dieses Diplom.

Vater.

Was hab' ich daraus zu lernen? Wer gab
dirs?

Sohn.

Ich erhielt es vom König.

Vater.

Umsonst?

Sohn.

Nein! ich mußte dafür bezahlen.

Vater.

Du Lappe, du! du erkaufst dir einen andern Stand für Geld, da dir die Natur den
herrlichsten gab!— Du hast recht; du hast wohl
nöthig, dir deine Verdienste mit Brief und Sie-
gel bestättigen zu lassen; aber das braucht dein

De-

Vater, der alte Fichtenhain nicht, denn der hat
seine Verdienste im Herzen.

So sprach der alte Fichtenhain, und vergebens war das Bemühen seines Sohnes ihn nach
der Stadt zu bringen; er verlebte seine letzten
Lebenstage auf dem Lande, wo er auch bald aus
Gram über die Thorheiten seines Sohnes starb.
Der junge Fichtenhain erzog nun seinen Sohn
Hieronymus; seine Erziehung war aber so, wie
meistentheils die Erziehung der Reichen und Adelichen ist. Hieronymus war fünfzehn Jahre alt,
als er seine Eltern verlohr. Nun war er sich
selbst überlassen, ohne Freund, ohne Führer. Er
überließ sich bald seinen Leidenschaften und in
kurzem war aller Reichthum, den sein Vater erwarb, durchgebracht. Mit dem Verlust seines
Geldes flohen auch seine Freunde. Er wieß seinen Adelsbrief auf, aber man lachte seiner, und
Hieronymus sah endlich ein, daß Reichthum und
Adel den Menschen nicht allzeit glücklich machen.
Er verließ die Stadt, gieng auf das Land, und
arbeitete dort wie seine Voreltern. Er ward
glücklich und erwarb sich durch Fleiß wieder ein
schönes Vermögen, und Glückseligkeit und Zufriedenheit, das ihm sein Diplom nicht geben könnte.

Welcher Mann hat grössern Werth?

Jener, welcher uns ernährt,

oder

„oder der mit seinen Ahnen
von dem Blut der Unterthanen,
    von dem Schweiß des Armen zehrt,
    welcher Mann hat größern Werth?

    Welcher Mann hat größern Werth?
    Jener, welcher uns ernährt,
oder der, der alle Tage
Menschen plaget? — welche Frage!
    Jener Mensch, der uns ernährt,
    hat ja einen größern Werth.

Luceta.
Eine Erzählung.

Luceta wurde von ihren Eltern geliebt. Diese
guten Leute glaubten alles für die Erziehung ih=
rer Tochter gethan zu haben. Sie war schön
und ihr Aeusserliches sehr einnehmend. Ihr
Betragen schien sanft — sanft, wie das Betra=
gen manches Mädchens, das doch nichts weni=
ger als sanft ist. Wenn man ihre Blicke genauer
untersuchte, entdeckte man so was Steiffes in
selben, und ihre Eingezogenheit konnte den Stolz
ihrer Selbstliebe nicht verbergen, welcher den
jungen Frauenzimmern so sehr eigen ist.

Meh=

Mehrere vortheilhafte Freyer warben um Luceta, aber sie schlug jeden Antrag aus, und wußte
die Werber immer in eine solche Lage zusetzen,
daß sie selbst gern wieder abzogen. Ich weiß
nicht, sagte ihr einmal ihr Vater, warum du
jeden Werber ausschlägst? — Walbner, der deine Hand begehrte, war ein edler Jüngling; er
ist reich und begleitet zudem ein schönes Amt.
Du kannst keine vernünftige Ursache angeben,
warum du seine Hand ausschlugst. Ich glaube,
Luceta! du bist stolz, und hoffest dir die Hand
eines Prinzen? — Da schwieg Luceta, und ihre
Wangen färbten sich wie Scharlach. Cleon war
ein junger liebenswürdiger Jüngling, und er
kannte Lucetens Herz. Seit langer Zeit studirte
er ihren Charakter, und fand, daß ihre Seele
eitel und stolz war. Luceta hatte eine Schwester; sie war nicht so schön wie Luceta, aber ihr
Herz war edler, sanfter ihre Seele. Cleon zog
sie der schönen Luceta vor, heurathete sie, und
an Cleons Seite war sie nun das glücklichste
Weib. Seit der Zeit, daß Lucetens Schwester
verheurathet war, bekam das stolze Mädchen wenig Besuche mehr. Galanen, die ewig lieben
und ewig heurathen, ohne je ein Herz zuhaben,
und ohne je eine Frau zubekommen, waren
manchmal ihre Gesellschafter. Sie schwärmten
um sie, wie die Schmetterlinge um die Rose,
und verliessen sie bald wieder. Bartner, ein
                                                junger

junger wackerer Mann warb noch einen Raum von
einem Jahre um Luceten; er liebte sie wahr=
haft; allein Luceta verbitterte ihm die Tage sei=
nes Lebens so, daß er aus Verdruß vor der
Hochzeit starb. Sie foderte von dem armen
Bartner eine arkadische Liebe; schmachten sollte
er Tagelang vor ihr, und Stunden durch sollte
er seufzen. Bartner liebte das Mädchen, konnte
aber diese Probe nicht aushalten, und die Götter
erbarmten sich seiner, und entzogen ihn der Welt
noch im Novizjahre der Liebe. Nun wurde Luceta
untröstlich; sie sah die traurige Zukunft, die ihr
drohte; sie sah vor, daß sie unverheurathet ster=
ben würde. Der Gedanke, eine alte Jungfer zu
seyn, war ihr unausstehlich; mit Scheelsucht sah
sie auf ihre jüngere Schwester zurück, die nun
die glücklichsten Tage ihres Lebens verlebte. Sie
war unglücklich und fühlte die Strafe des Stolzes
und der Eigenliebe.

Annette war ein gutes Kind;
    ihr Vater war Verwalter.
Der gute Ehrenmann war blind
    und schon in hohem Alter,
und ausser seinem Töchterlein,
so würde er ganz elend seyn.

Er sammelte sich wenig Geld
    in seinen jungen Jahren;
ein Mann der was auf Ehre hält,
    kann sich nicht viel ersparen;

er hielt auf sein Gewissen sehr,
und keinen Bauern preßte er.

Sein Kleid war nur ein alter Rock,
    schon zimlich abgenutzet;
in seiner Rechten war ein Stock,
    auf dem er schwach sich stützet;
so schleicht er an Annettens Hand
nun als ein Bettler durch das Land.

Sie hielt an manchem grossen Thor,
    und flehte für den Armen:
man stelle sich ihr Schicksal vor,
    und sie fand kein Erbarmen,
denn in Pallästen, lieber Gott!
kennt man nicht Hunger und nicht Noth.

Das Mädchen theilte lange Zeit
    mit dem geliebten Alten
die Armuth und die Dürftigkeit,
    und ließ die Vorsicht walten.
Ich thue, sagt' sie, meine Pflicht,
und Gott verläßt die Menschen nicht.

Es fügte sich nach einem Jahr,
    da sie schon viel gelitten,
daß sie bey einem edlen Paar
    will um Erbarmen bitten.
Gebt, sprach sie, diesem alten Mann,
und seht das Haupt des Greisen an.

Der Mann, den sie um etwas bath,
    der weinte eine Thräne,
und als er ihnen gutes that,
    umarmte er die Schöne,
die still an seiner Seite gieng,
und ihren Kopf zur Erde hieng.

Sieh

Sieh liebes Gretchen! fieng er an,
    so lohnen uns die Reichen;
sieh einmal diesen Ehrenmann
    gebeugt von ihren Streichen.
Er lohnt man Treue, Fleiß und Müh;
so lang man dienet, geben sie

Wer, liebes Gretchen! ehrlich ist,
    dem Herrn niemal betrüget;
sich keinen Reichthum macht durch List,
    und Gott und Welt belüget,
der, liebes Mädchen! wird dem gleich,
er wird in Ewigkeit nicht reich.

Gott gab uns Reichthum, Haab und Geld,
    und andre viele Sachen.
Die schönste Freude in der Welt
    ist Menschen glücklich machen;
wir nehmen diesen alten Mann
und seine liebe Tochter an.

Nun war der Alte in dem Haus,
    und lebte seine Tage
vergnügt bey guten Menschen aus,
    entfernt von Noth und Plage;
von aller Sorge war er frey,
sein Leben gieng vergnügt vorbey.

Annette auch versorgte Gott,
    weil sie die Eltern liebte,
und redlich nach des Herrn Geboth
    Treu, Pflicht und Tugend übte,
denn thut der Mensch nur seine Pflicht,
gewiß vergißt ihn Gott auch nicht,

                                    Ich!

Ach! liebe Bürger! glaubt es mir,
  ein redliches Gewissen,
ein gutes Herz, das kann uns hier
  des Lebens Trübsal süssen,
und jenseits, wo die Liebe thront,
wird jede gute That belohnt.

Der Werth des Bürgermannes.

Wenn ich auf der Strasse geh,
und denn einen Bürger seh,
der mir redlich sagt: Wie gehts?
freut sich meine Seele stets.
Munter langt er in den Sack,
reicht mir eine Pris Taback.
Zu der Freundschaft Unterpfand
schlägt er mir fest in die Hand;
warm, mit einem Händeschlag,
wünscht er mir den guten Tag.
Wenn er, Freund! sagt mit dem Mund,
meint ers so aus Herzensgrund.
Wünscht er mir zu etwas Glück,
seh ichs schon in seinem Blick,
und wenn er mir etwas schenkt,
weiß ich, was die Seele denkt.
Sagt er, ja! so ist es ja!
sagt er, da! so ist es da,

sagt

sagt er, nein! so ist es nein,
sagt, was kann wohl besser seyn?
Seht nur einen solchen Mann
gegen einen Höfling an:
er denkt niemal, was er spricht,
was er schwört, das hält er nicht;
alles ist dort Schmeicheley,
keine Wahrheit, keine Treu.
Dieser, der sich vor uns bückt,
ist oft der, der uns erdrückt.
Mit der Freundschaft wird gespielt,
wenn man dort am wärmsten fühlt.
Worte, süß wie Honig, sagt
der, der unsern Sturz oft wagt.
Alles ist dort Aug und Ohr,
hebt das Glücke dich empor,
lauft dir jeder Laffe nach
und führt denn die Modesprach.
Wenn das Windchen anders bläßt,
Frau Fortuna dich verläßt,
wirst du wieder ganz allein
wie ein armer Kautze seyn.
Wenn du auch wärst noch so gut,
zieht dir niemand mehr den Hut.
Mancher Geck sieht dort den Mann
höhnisch wie ein Bube an.
Da ist immer Carneval,
Masken giebt es ohne Zahl
en Bayout und Domino:

alles geht incognito.
Selbst die Sprache, die man führt,
ist oft lächerlich maskirt,
und wer da die Welt nicht kennt,
hat sich oft die Zung verbrennt.
Alle Ehrfurcht, liebe Herrn!
von euch leb' ich lieber fern.
Ich bin gar nicht gern maskirt,
weil das Ding zu sehr genirt.
Bey euch liebe Ehrenleut'
fühl' ich wahre Menschenfreud,
die ihr in die Hand noch schlägt,
und sonst keine Masken trägt.
Lieber sagt mir ins Gesicht:
Kerl, geh! ich mag dich nicht,
oder nehmt mir g'rad mein Brod,
oder aber schlägt mich todt:
alles will ich euch verzeihn,
nur nicht jene Schmeichelein,
die die Mask' der Tugend deckt
unter der der Teufel steckt.

Luise von Zellenbach.

Der Graf von Zellenbach diente dem Könige
als Offizier. Nach dreyßigjährig treu geleisteten
Diensten verließ er seine Stelle beym Regiment,
und brachte die übrigen Tage seines Lebens auf
dem Landgute seiner Voreltern zu. Zellenbach
kannte die Welt und den Hof; sein Betragen
war angenehm und gern lebte jeder in seiner Gesellschaft; er war lustig und aufgeräumt, aber
unwandelbar in seinen Entschlüssen, manchmal
aufbrausend; doch sein Zorn verlöschte eben sobald,
als er schnell in seiner Seele aufloderte. Zellenbach
hatte ein einziges Kind. Es war das liebens-
würdigste Mädchen, und hieß Luise. Ganz war
ihre Gemüthsart dem vortreflichen Charakter ihrer Mutter ähnlich, die Zellenbach nur zu frühe für
das Glück seines Lebens verlohr, denn sie starb,
als sie Luisen gebahr.

Luise war schön, und es schien, als hätten
sich Schönheit und Güte in ihren Zügen vereint,
um das herrlichste Werk der Schöpfung aus diesem Kinde zu bilden. Der Liebe selbst war das

R   Mäd-

Mädchen ähnlich; ihre aufkeimenden Reitze mach=
ten sie den Huldgöttinnen gleich, und sie verließ
kaum die Jahre der Kindheit, als sie schon die
Bewunderung der Welt war. Mit ihren Jahren
entwickelte sich ihr edles Herz, das weit jedes
Menschenherz an Seelengüte übertraf.

Es ist ein herrliches Geschenke der Gottheit
um ein gutes, edles Kind. Es heitert manche
finstere Stunde unsers Lebens auf, und seine
Liebkosungen trocknen die Thränen der Schwer=
muth aus dem melancholischen Auge. Zellenbach
erfuhr es, denn seine aufkeimende Luise war nun
alles für sein Herz; sie wars allein, die ihn über
den Verlust der liebevollesten Gattin trösten konn=
te; sie allein war alles für ihn; seine ganze Exi=
stenz war Luise. Wie freudig war er manchmal,
wenn er sie so ansah, wenn ihr holdes Auge dem
seinen begegnete, wenn ihre sanfte Blicke Unschuld
und Güte sprachen, wenn ihr Herz voll Kindes=
zärtlichkeit von ihren Rosenlippen in Worte aus=
strömte, wenn Luise ihre Arme um Zellenbachs
Schultern warf, und ihm die beschwerlichen Tage
seines annähernden Alters erleichterte!! —

Heiliges Gefühl der Natur! wie viele Freu=
den legst du nicht in unser Herz! — aber auch
wie vieles Leiden quälet den Empfindsamen, wenn
er so ein herrliches Geschöpf um sich sieht, und
                                        die

die Gefahren überdenkt, die ihm drohen! — —
Zellenbach wünschte sich, das Glück seiner Luise
zu machen, und dieser Wunsch ist ja der Wunsch
jedes rechtschaffnen Vaters. Zu diesem Ende
entschloß sich Zellenbach, daß er seine Tochter
nicht eher verheurathen wollte, als bis sie 25
volle Jahre zählen würde. Eher, sagte er, kann
ein Mädchen keine vernünftige Wahl eines Mannes trefen, und meine Luise soll nicht unglücklich
seyn. Vergebens bemühten sich Freunde seinen
Entschluß zu ändern, vergebens warben Jünglinge schon im vierzehnten Jahre um ihre Hand;
sein Entschluß war fest und unabänderlich. Zellenbach kannte des Menschen Herz zu wenig, und
wußte nicht, daß sich die Liebe weder eine Zeit
vorschreiben, noch Grenzen setzen läßt. Luise
trat in das achtzehnte Jahr, in das Jahr, wo
die Leidenschaften sich in des Mädchen Herzen zu
entwickeln anfangen. Sie fühlte etwas, das sie
sich nicht erklären konnte; sie fühlte ein Bedürfniß geliebt zu werden, und ihrem Herzen war
doch der Name dieses Bedürfnisses noch unbekannt. Luise kam mit ihrem Vater nach der
Hauptstadt: bald wurde sie da in allen Gesellschaften von Liebhabern umrungen; allein Luise
wußte mit Anstand ihre Würde zu behaupten;
sie war fröhlich, ohne sich herabzulassen; beschei-
den, ohne sich zu erniedrigen; sie lernte bald
die Denkart der Wollüstlinge kennen, und ver-

achtete sie in ihrem Herzen; nur der Edle, der
so wie sie dachte, der allein war der Glückliche,
der ihr Herz zum Gefühl der Liebe rege machen,
und Gegenliebe von Luisen hoffen konnte.

Die traurigen Tage des langen Winters wa=
ren vorüber, und der Frühling lud die Menschen
wieder zum Genuß seiner Wonne ein. Man be=
suchte die öffentlichen Spaziergänge; auch Luise
in der Gesellschaft ihres Vaters besuchte sie. Da
sah sie den Ritter Valseck, einen jungen Cava=
lier voll edlen Anstandes und Würde. Der Ein=
druck, den Valseck auf Luisens Seele machte,
war so heftig, daß das gute Kind immer Valseck's
Bild vor sich sah, so sehr sie auch wünschte,
daß diese Eindrücke in ihrer Seele verlöschen
möchten. Luise liebte, ohne noch zu wissen, was
Liebe ist. So oft sie den Ritter Valseck sah,
färbten sich immer ihre Wangen, ihr Herz poch=
te, und sie fühlte eine Leidenschaft, der sie ver=
gebens entgegen kämpfte. Viele werden die gute
Luise tadeln, daß sie als ein Mädchen, das gut
erzogen war, sich so schnell auf den ersten An=
blick eines Unbekannten hinreissen ließ; allein
wer die Schwachheit der Menschen kennt, der
wird das edle Mädchen nicht tadeln. So ist
das Menschenherz — stark, und schwach — und

Sei=

Seelen, die wiederhollten Anfällen Jahre lang unbesiegt trozten, sind oft das Opfer des Augenblicks.

So sehr, als Valseck auf Luisen wirkte, so sehr wirkte Luisens Blick auf Valseck. Es giebt eine Sympathie unter den Herzen, und sie ist den tiefesten Philosophen unerklärbar. Alles, was wir hievon sagen können, ist das: wir sehen die seltnen Erscheinungen, und können die Ursachen nicht erklären. Valseck blieb unbeweglich stehen, als er Luisen das erstemal erblickte. Nie däuchte es ihn, daß er so ein artiges Mädchen sah; bezaubernd war Luisens Blick für ihn. Das Edle in ihrem Wuchse, das Ungezwungene in ihren Mienen, ihr aufrichtiger Blick, ihr unschuldiges Wesen — alles wirkte auf Valsecks Herz, das nun Luisen liebte.

Valseck war der Abkömmling einer alten, ruhmvollen Familie; sie wich nicht in Rücksicht ihrer Würde dem alten Geschlechte von Zellenbach; nur war sie ärmer. Der junge Valseck war Offizier, seine Bildung war edel, und der Jüngling vereinigte alle Eigenschaften des liebenswürdigsten Cavaliers mit den Verdiensten eines jungen rechtschaffenen Soldaten. Schon in der letzten Campagne, die Valseck mitmachte, gab er Proben seiner Tapferkeit. Nach geschlossenem Frieden

den kehrte er nach der Hauptstadt zurück zu seiner Familie, und lernte Luisen kennen. Die Bildung der schönen Luise war ganz in Valseck's Herze abgedruckt; nichts beschäftigte seine Gedanken mehr als dieses liebevolle Mädchen; sein Aug verließ Luisen nie, er beobachtete sie so lang er konnte, und als er sie aus seinen Blicken verlohr, fühlte sein Herz sehr viel trauriges. Nach vieler Nachfrage entdeckte er ihre Wohnung; er sah sie auch öfters auf der Promenade, und es däuchte ihn, er wäre auch Luisen nicht ganz gleichgültig.

Eines Tages sah Valseck einen seiner Freunde, wie er Luisen sprach, und sie mit ihrem Vater bis in ihre Wohnung begleitete. Ungeduldig erwartete der liebende Valseck die Rückkunft seines Freundes, und hörte von ihm zum Vergnügen seines Herzens, das jedem edlen Freyer der Zutritt in Zellenbachs Haus offen stünde, und daß Luise die Tochter dieses würdigen Mannes wäre.

Valseck war nun auch vollkommen von Zellenbachs Absichten unterrichtet, der seine Tochter vor dem fünf und zwanzigsten Jahre nicht verheurathen wollte, und sein Freund versicherte ihn auch, daß die Absicht des Grafen wäre, einen sehr reichen Schwiegersohn aufzusuchen. Diese
Nach-

Nachricht schmerzte. den edlen Valseck; allein er
verlohr den Muth doch nicht, und kam bey nächs
ster Gelegenheit in Zellenbachs Haus, und be=
suchte dort den Grafen und das Fräulein. Valseck
ward gut aufgenommen, und in kurzem ganz
der Freund des alten Zellenbachs. Dieser liebte
den Jüngling, und lud ihn zu sich auf sein Land=
gut ein. Keine Gelegenheit war erwünschter
für Valseck als diese, keine angenehmer für Lui=
sen; dort hofften sie, sich das mündlich sagen
zu können, was sie sich bisher nur durch Blicke
erklärten.

    Luise war nun auf dem Lande und Valseck
bey ihr. Ein Ungefähr führte sie an einem Früh=
lingsmorgen im grossen Garten in die Jasmin=
laube, und da machten sie sich das erste Geständ=
niß ihrer Liebe. Hier überraschte sie ihr Vater,
und sie fielen zu seinen Füssen, umfiengen seine
Kniee, und flehten um seinen Segen, um seine
Einwilligung. Lange weigerte er sich; endlich
siegte aber die väterliche Liebe; er legte Valseck's
Hand in Luisens ihre, und sah zum Himmel auf und
segnete die Liebenden. Wer war nun glücklicher
als Valseck? Wer glücklicher als Luise? — Aber
wie kurz sind die Tage der Wonne für den Sterb=
lichen! — Valseck wurde zu seinem Regimente
gerufen, und neue Unruhen foderten seine Ent=
fernung. Ehr' und Liebe waren nun im Streitte;
jene

jene rief ihn ins Feld; diese in Luisens Arme.
Wie erschrecklich war der Zustand, in dem seine
Seele kämpfte! — Endlich war er entschlossen.
Noch die letzte Pflicht für meinen König, sprach
er, Luise! und denn ewig wieder in deine Arme.
Er entriß sich seiner theuren Luise, und die Stun-
de ihrer Trennung war die schrecklichste ihres Le-
bens.

Binnen Walseck's Abwesenheit unterhielt sich
Luise mit seinem Andenken.   Sie setzte verschie-
bene Lieder auf, und spielte sie am Clavier.
Hier folget eines.

Die Abwesenheit des Geliebten.

Wie! so seh ich dich nicht mehr, Geliebter du
          meiner Seele! —
öde um mich her liegt die Natur,
und unharmonisch tönen die Lieder der Nachti-
          gallen,
denn du bist nicht bey mir.
Dieses Auge, aus dem ich Wonne des Lebens
          trank,
dieses holde Auge, voll Feuer, voll von Seele
blickt nicht auf deine verlassene Luise,
für die du doch alles warst, denn nur an die
hieng meine von Liebe ganz betrunkne Seele
          und

und nährte das Feuer, das sie verzehrte.
Wie — hat sich denn alles wider mich verschwo-
ren,
um dich, Balbeck meinen Armen zu entreissen?
Kehre zurück — zurück in die Arme der Liebe!
Unglücklicher — und doch geliebter Gegenstand
meiner Quaalen,
kehre zurück Luise erwartet dich.
Kömmst du? — Ja du kömmst; es ja deine
Luise, die dir ruft.

Freue dich, du holde Quelle,
freue dich du bunte Flur!
Freue dich bedrängte Seele,
freue dich doch selbst Natur!

Der Geliebte kömmt zurücke —
welche sel'gen Augenblicke
warten dir Luise nicht! —
Ja er kömmt! — an seinem Herzen
da vergiß ich Quaal und Schmerzen
wenn er mir von Liebe spricht.
Welche Wonne, welches Glücke!
Ja er kömmt, er kömmt zurücke.

Doch nein! ich seh' ihn nicht — es ist Täuschung
Träumerey
er kömmt nicht. Die Trompete des Mordes
schallt;
ich höre das Wiehern der Pferde
und das Geklirre der Waffen.

Dort

Dort blinkt sein Schwert im blutigen Kampfe,
im Mittel von verwundeten und erwürgten Men-
                                        schen.

Meine Seufzer prellen von dem eisernen Harnisch
                                        zurück,

begleitet prellen sie zurück
mit einsamen Abscheu und Schrecken
als nur zu gewisse Zeugen meines Unglücks.

      Götter! schonet meinen Valseck,
      daß kein Unglück ihm begegne,
      daß ihn keine Kugel tödte,
      und des Feindes Schwert erwürge,
      meinen Valseck, schonet Götter!

Ja, ihr schonet ihn, denn sein Schwert
kämpft aus Liebe für seinen König.
Bald kömmt er zurück mit Lorbern umschlungen.
als ein Sieger; und Jubelgeschrei
folget ihm nach.

      Denn soll er in meinen Armen
      jeder Last des Kampfs vergessen,
      reine Wonne immer fühlen,
      sich denn jeden Morgen freuen,
      daß er wieder bey mir ist.
      Ja, er kömmt, er kömmt gewiß,
      ja, Luise, ja, Luise,
      ja er kömmt, er kömmt gewiß.
      Kömmt — o Gott! wie schlägt mein Herz
      kömmt — o wär er nur schon da! ——

                       Valseck

Walseck kam vom Kriege zurück, und fand seine Luise so zärtlich, so liebevoll, als zur Zeit, da er sie verließ. Er zeichnete sich vorzüglich aus, und erhielt vom Könige das Versprechen der rühmlichsten Ehrenstelle; allein er dankte für diese Gnade, weil er wußte, daß solche Belohnungen am Hofe nur mit Neidern begleitet sind, und entschloß sich, seine Tage in den Armen seiner Luise zu verleben. Er quittirte, und war nun ganz Gatte und Vater, denn bald lohnte Luise seine Liebe mit dem edelsten Kinde. Die Familie genoß nun die wahren Seligkeiten des Lebens. Der alte Zellenbach starb im hohen Alter, und genoß die sanfteste der Menschenfreuden, eine Tochter zu haben, die gut, wie Luise war. Er sagte oft: ich sehe wohl, daß ein Mädchen glücklich verheurathet wird, wenn es einen guten Mann findet, sie mag den fünf und zwanzig Jahre haben, oder nur achtzehn alt seyn.

Ein Wiegenlied.

Mädchen, freue dich des Daseyns!
Viele Freuden wirst du haben,
viele Wonne wirst du fühlen,
denn die Welt ist herrlich schön.

Wenn

Wenn du morgen früh erwachest,
hörst du gleich die Lerchen singen,
und die Quellen hörst du rauschen,
und die Blumen siehst du blühn.

Abends glänzen tausend Sterne
ober deiner an dem Himmel;
Weste kühlen deine Wangen,
und der Mond bescheint dich sanft.

In den Fluren kannst du spielen,
auf den Wiesen Blumen pflücken,
und in Wäldern dich verstecken,
und dich in Gebüschen freun.

Nachtigallen kannst du fangen;
sie in kleine Bauer stecken,
ihre holde Lieder hören,
ihrer Kehlen Harmonie.

Unter tausend bunten Blumen
kannst du Schmetterlinge haschen,
wo ein jeder tausend Farben
auf den kleinen Flügeln trägt.

Alles ist gemacht zur Freude,
alles ist gemacht zur Wonne,
alles zum Genuß erschaffen
von dem Schöpfer, der uns liebt.

Mäd-

Mädchen! freue dich des Lebens!
Viele Freude wirst du haben,
viele Freude wirst du fühlen,
denn die Welt ist treflich schön.

―――――

Mädchen traure, daß du lebest!
Vielen Kummer wirst du haben,
viele Leiden wirst du fühlen,
wenn du einst die Menschen kennst.

Mann wird dich um Schönheit neiden,
um Gelehrtheit dich verfolgen;
selbst gar um die Tugend hassen,
und bist du auch noch so gut.

Man wird dir von Liebe sagen,
und abscheulich dich betrügen;
Treu' dir bey den Göttern schwören,
und dir dennoch treulos seyn.

Junker werden nach dir gucken,
dich durch Schmeichelein bethören,
und dich überdieß verführen,
und verlassen, wenn du fehlst.

Mädchen traure, daß du lebest!
Vielen Kummer wirst du haben,
viele Leiden wirst du fühlen,
wenn du einst die Menschen kennst.

Doch

Doch verzage nicht und freue
dich des Lebens jeden Tage,
denn der Schöpfer liebt die Menschen,
und die Welt ist herrlich schön.

Suche wahre Menschenfreude
in dir selbst, und nicht in andern;
traue auf der Vorsicht Güte,
und du wirst zufrieden seyn.

Alles ist zur Freud' erschaffen,
alles lebt zum Glück hienieden.
Wird der heut'ge Tag uns trübe,
giebts doch morgen wieder Lust.

Mädchen! freue dich des Lebens!
Schon bist du zum Glück erschaffen:
wanderst du auch harte Strässen,
denk! hier ist die Wanderschaft.

Trost
wider die Furcht des Todes.

Von Bauer Philipp Kopp.

Wenns einmal zum Sterben kömmt,
und ihr mirs nicht übel nehmt,
mache ich als Ehrenmann

mir

mir den Tod so leicht ich kann.
An der Thür der Ewigkeit
sind die Menschen meist zerstreut,
darum mach' ich in der Zeit
mich zum Tode schon bereit:
kömmt der Tod denn wie er will,
lärmend, oder aber still,
denn ists mir bey meiner Treu
wirklich immer einerley.
Sterben muß man ohnedem;
machen wirs uns nur bequem,
so bequem, als nur ein Mann
und ein Christ je sterben kann.
Freund! kömmst du ja in den Fall,
ey! so denke allemal,
was dir immer in der Welt
drückend und beschwerlich fällt.
Wenn der Tod dich darum kränkt,
wenn man an was Liebes denkt,
so empfehl' man selbes Gott,
und erwarte still den Tod.
Philipp Kopp wurd ich genannt;
hab die Nase oft verbrannt,
und sah um mein theures Geld
viele Narren in der Welt.
Darum kömmts zum Sterben je,
geh' ich ohne viele Müh
aus dem grossen Narrenhaus
dieser Welt gar gern hinaus.

Freys.

Freylich, lieber Kamerad!
kömmt der Tod niemal zu spat:
denn sag: wer vom großen Herrn
bis zum Bettler — wer stirbt gern?
Man weiß ja, an was man klebt;
Leben ist halt stets gelebt.
Mancher bittet noch um Frist,
wenn es nur ein Jährchen ist.
Advokaten, fett und dick,
brachten mich um Haab und Glück;
raubten mir mit kaltem Blut
selbst mein Häuschen und mein Gut.
Denk' ich so an diese Herren —
ah! so sterb' ich herzlich gern.
Dieser letzte Sterbetrost
hat mich leider viel gekost.
Zu was ist der Doktorhut
doch in dieser Welt nicht gut?
Knochenmann! schlag ein! nun, Topp!
Lebt wohl! es stirbt Philipp Kopp.
Doch Freund, im hinübergehn
laß mich keinen Doktor sehn:
nimm itzt auch auf meine Bitt
keinen Rechtsfreund für mich mit;
denn sonst streitet er im Grab
mir noch gar den Himmel ab,
und bringt einen Deservit
noch am jüngsten Tage mit.

Marie Zinetti
und
Laura Spinelli.

Lächelnd wie der Frühling; schön wie eine aufkeimende Blume; wonnevoll wie die Rose im
Maienmonde, und doch fürchterlicher als der
Sturm im Meer; fälscher als ein Abgrund, der
mit Blumen überdeckt ist, und grausamer als
je ein Geschöpf seyn kann — ist das Weib. Welcher Widerspruch in der Natur! — schwach und
grausam — schön und böse — lächelnd und tödtend — — und doch ists in der Natur. O wärs
eine Lüge! — — Marie Zinetti ist der Beweis,
was die Leidenschaft über das Herz eines Weibes
vermag.

In einer Gegend in Italien lebte Zinetti,
die Tochter eines reichen Marchese. Sie war
schön und jung. Viele Jünglinge freiten um sie;
aber stolz schlug sie jede Hand aus, und lebte
lieber frey als gebunden. Ihr Vergnügen war
besiegen, und das Besiegte verlassen. Sie hatte
ihre Plane, ihre Absichten. Ihre größte Freude

S   war

war's eine Menge Liebhaber zu zählen, sie schmachten zu laffen, ihnen zuzulächeln, und sie denn
zu verlachen — mit einem Worte: ihr Herz war
nur des Stolzes, aber nie der Liebe fähig. Sie
wußte jede Rolle künstlich zu spielen, sich in jeden Charakter hineinzudenken, und kein Herz
war stark genug, ihre Anfälle auszuhalten. Wenn
Zinetti kam, waren alle Blicke auf sie gerichtet;
wenn sie winkte, gehorchte alles, wenn sie in Gesellschaft anderer Mädchen erschien, war sie einer
Göttin ähnlich, die im Zirkel schwacher Sterblichen auftritt; alles sah sie erstaunend an, alles
warf sich zu ihren Füßen. Viele Jünglinge ver-
ließen die zärtlichsten Mädchen, und zogen die
Fessel dieser Spröden den sanftesten Freuden der
Liebe vor. Mit einem Worte: Zinetti war eine
zauberische Schönheit, und man nannte sie die
marternde Liebe. Unter den tausenden, die in
dem Orte wohnten, wo Zinetti war, befand sich
ein einziger Jüngling, der gleichgültig gegen ihre
reitzende Schönheit war, und von dem sich Zinetti nicht schmeicheln konnte, daß er je ein einziges Körnlein Weihrauch ihrer Eitelkeit gestreut
hätte. Dieser Jüngling war Alvero, ein Mann
von Grundsätzen und Gefühl. Er verachtete in
seinem Herzen die eitle Zinetti, und zeigte öffent-
lich bey mancher Gelegenheit, daß ihre Blicke an
seinem Herzen wie stumpfe Pfeile über einen
Panzer abgleiteten. Durch Alveros Kaltblütigkeit

wurde

wurde die Eitelkeit der Zinetti bald beleidiget, und
nun machte sichs dieses stolze Mädchen zu ihrer
einzigen Beschäftigung, Alveros Herz zu studiren,
und ihn in ihre Fesseln zu bringen. Selten ist
ein Mann, der den Blicken eines Weibes wider=
steht, das sich einmal festgesetzt hat, ihn in ihr
Garn zu locken; besonders, wenn es schön ist
und Witz hat. Unsere Eigenliebe und unsere Sinn=
lichkeit alliiren sich so bald, und unser eigenes
Herz wird an uns zum Verräther, und so unter=
liegen wir im Kampfe und werden Sklaven des
Weibes. Alvero wußte dieses alles, und traute
daher seinem Herzen nicht. Trau' dem Weibe
nicht, sagte er zu sich selbst, denn alle ihre Blicke
sind Verstellung, all ihre Worte Lügen: sie liebt
dich nicht, und wird dich niemal lieben; aber sie
möchte gern der Welt zeigen, daß ihrem Willen
alles unterliegen soll. Könntest du je den unse=
ligen Gedanken fassen, sie zu lieben, wie un=
glücklich würdest du seyn! denn würde sie dich
ihre ganze Verachtung fühlen lassen; sie würde
triumphirend dich zu ihren Füssen sehn, deiner
Liebe hohnlächeln, und der Welt sagen: Seht
den stolzen Alvero, wie er da schmachtet — wie
er winselt, wie ein Blick von mir ihn tödtet, und
ihn wieder belebt — seht die Stärke des Man=
nes, der mir einst stolz unter die Stirne trat!
— — So sagte sich Alvero, und sein Herz rü=
stete sich mit neuem Muthe wider Zinetti.

S 2　　　　　　Alvero

Alvero kam öfter in das Haus der Marchese-
Spinelli. Diese hatte eine Tochter, nicht so
schön, wie Zinetti, aber liebevoll wie eine Huld-
göttin. Man nannte sie Laura Spinelli. Laura
war die vertrauteste Freundin der Marchese Zinetti, denn sie waren beyde von gleichem Alter,
und Gespielinnen gleicher Jugend. Unzertrenn-
lich waren Zinetti und Laura, und nun auch Alvero, der Lauren liebte, und um sie warb. Laura
hatte ein Herz voll Unschuld und Aufrichtigkeit,
und machte ihre Freundin zur Vertrauten ihrer
Liebe, die, bey dieser Nachricht im Stillen Wuth
und Galle kochte: aber Zinetti wußte sich zu ver-
stellen, und gab die Hofnung ihres Sieges nicht
auf. Es mag Laura, sagte sie, ihren Alvero
zum Mann haben, ich beneide sie nicht; aber dahin muß ich es noch bringen, daß er zu meinen
Füßen schmachtet, und wenn es auch nur eine
Minute lang ist, und sollte ich hierüber den Verstand verliehren. Nun wandt' sie alle Kunstgriffe
an; aber Alveros Herz, das ganz für seine Laura
schlug, war wie ein Stein unbeweglich und kalt.
Die gute Laura vermuthete ihre Freundin Zinetti
keiner unedlen That fähig, noch weniger kam ihr
je der Gedanke, daß sie Absichten auf Don Alvero haben sollte. Täglich ward das Band ihrer
Freundschaft enger geschlossen, täglich schienen sie
unzertrennlicher zu seyn. Der Tag zu Alveros
Hoch-

Hochzeit mit seiner Laura war bestimmt, und niemand war mehr beschäftigt als Zinetti diesen Tag der Freude und des Vergnügens zu verherrlichen. Ich muß mir ehvor die Achtung dieses Mannes zu gewinnen suchen, sagte Zinetti, denn wird sich die Sache selbst geben. In den ersten Tagen der Liebe mit Laura sind meine Versuche vergebens, aber nach einigen Monaten, oder Jahren — denn will ich mich geltender als sie machen, und Alvero soll gedemüthigt seyn; Zinetti wird ihm zeigen, daß ihr nichts widerstehen kann, wenn sie will. So schwärmte das eitle Weib und brütete über Plane und Entwürfe.

Laura ward Alveros Gattin; sie verlebten die glücklichsten Tage der Liebe und der Eintracht. Zinetti verließ sie selten, und schien ganz ihre Lebensart geändert zu haben. Nicht wahr, Alvero! sagte sie oft, Sie kannten mich doch einmal als eine recht eitle Thörin, aber nun bin ich die nicht mehr, die ich war. Eine Liebe hat meinen Verstand zurechtgewiesen: ich sehe ein, daß ein Weib, das von einem Manne geliebt wird, glücklicher ist als eine Coquette. Alvero wurde Zinetti Vertrauter; sie entdeckte ihm, daß sie einen gewissen Mylord Sprinker wahrhaft liebe, und ihn zu heurathen dächte. Doch dies alles war nur List, um den guten Alvero einzuschläfern. Was thut ein Weib nicht, um ihre Plane auszuführen? — Wirklich war ein Mylord Sprinker in B**. Er warb um Zinetti, und die Sache wurde ganz ernsthaft. Unterdessen wurde Laura tödlich krank, und Zinetti zeigte sich nun ganz als Freundin.

Die

Die zärtliche Sorgfalt, die sie für Laura hatte,
die Achtsamkeit auf Alveros Haus, dem sie die
Wirthschaft besorgte, alles machte diese Zinett
dem guten Alvero verehrungswerth.   Er zeigte
die wärmste Freundschaft für sie, aber niemal
Liebe.   Endlich ward Zinetti der Rolle überdrü-
ßig, die sie solang vergebens spielte; sie suchte
sich an Alvero zu rächen.   Die vorgebliche Liebe
mit Mylord Sprinker kam zu weit; Zinetti wollte ihn nicht zum Manne.   Nun mußte man auf
einen Plan denken, wie man seiner los werden
könnte.   Zinetti stellte sich eifersüchtig, und zwar
so, als ob sie mit Laura eiferte.   Sie schrieb ein
Billet an Mylord, machte ihm Vorwürfe, als
wenn er mit Laura eine Zusammenkunft gehabt
hätte, und Zinetti ließ das Billet auf Alveros
Schreibpult liegen.   Alvero sah dies unbekannte
Billet, las es, und das Gift der Eifersucht wirkte
in seiner Seele.   Er wurde nachdenkend, er sprach
Zinetti hierüber; aber sie vertheidigte Lauren,
nannte sich selbst eine Thörin, eine eifersüchtige
Schwärmerin, und nährte die Flamme des Ver-
dachts in Alveros Herz nur mehr, wie mehr sie
schien, daß sie selbe zu löschen sich bemühte.   Es
giebt eine Art von Entschuldigung, die ärger und
schädlicher ist, als die Anklage selbst, und niemand besitzt diese Kunst durch Entschuldigungen
anzuklagen meisterlicher als das Frauenzimmer.
Zinetti wußte wohl, daß Eifersucht eine gefährliche Leidenschaft wäre, und sie bediente sich nun
dieser, um ihre Absicht zu erreichen.   Man sagt,
sprach sie einst zu Alvero, Sprinker besuche Lauren alle Abend; allein es ist eine wahre Lüge:
Sie wissen Alvero wie die Leute sind; man weiß,
daß wir Freunde sind, und man sucht uns zu
trennen.   Wissen Sie was, wir wollen uns selbst
von

von der Wahrheit der Sache überzeugen. Schützen Sie eine Abreise vor, Alvero, und wir wollen Lauren am Abend überraschen. Der Vorschlag
wurde zum Werk. Unterdessen aber schrieb Zinetti
an Sprinker folgendes Billet:

„Wenn Sie ihre Zinetti lieben, so kommen Sie heut
„Abends zu Lauren. Alvero ist zwar nicht hier. Erwar-
„ten Sie mich auf ihrem Zimmer, und sollt' es auch
„bis Mitternacht seyn. Ich fodere es von Ihnen als
„eine Probe ihrer Liebe".

Ihre Zinetti.

Mit Ungeduld erwartete Alvero die Nacht,
und Laura saß in stiller Zufriedenheit in ihrem
Zimmer, und sang Lieder der Liebe zum Andenken
ihres Alvero. Der Mond glänzte am Himmel,
Laura lag am Fenster: da kam Sprinker, und
Laura empfieng ihn als den Freund ihrer Freundin, als er ihr das Billet wieß, das ihm Zinetti
schrieb. Es gieng gen Mitternacht; Sprinker
wartete noch immer, aber Zinetti kam nicht;
Laura wurde unruhig, und ihr ahndete, ich weiß
nicht, wie viel Trauriges.

Binnen der Zeit, als Sprinker traurig auf
Laurens Zimmer saß, gieng Zinetti hin, Alvero
aufzusuchen, der sie ungeduldig in einer Laube im
Garten erwartete. Mit zerstreuten Haaren, mit
blassen Gesichte näherte sich Zinetti. Unglücklicher! schrie sie auf, wir sind betrogen. Komm,
überzeuge dich deiner Schande, sieh deine Laura
in den Armen eines niederträchtigen Buhlers, und
bist du je ein Mann, so räche dich und mich. O
betrogener Alvero! du verdientest das um deine
Laura

Laura nicht; o wüßte sie deinen Werth zu schätzen, wie ich — und du, Unglücklicher! konntest
meine Liebe, die ich lange gegen dich fühlte,
verschmähen! — O was hätte Zinetti nicht für
Alvero thun können! — — Da sah Alvero mit
starren Blicke zur Erde; endlich erhob er sein Auge, und drückte Zinetti an seine Brust. Er sank
zu ihren Füßen. Göttliches Weib! rief er, wie
konnte ich dich verkennen! — Aber beym Himmel! ich will mich und dich rächen. Nun eilte er
hin, und eben als er an die Thüre seines Hauses
kam, verließ Sprinker Laurens Zimmer. Sogleich
fiel er ihm mit entblößten Degen an; er wollte
sich vertheidigen, aber Alvero hörte nicht. Käm-
pfe, Bube! schrie er, und unglücklich sank Alvero
verwundet zur Erde, und Sprinker flüchtete sich.
Denn, als Alvero schon mit dem Tode rang, kam
die boshafte Zinetti. Ich hab mich durch dich
selbst an deinem Herzen gerächet, schrie sie ihm
ins Ohr, feiger Alvero! ich habe dir durch Betrug das Geständniß deiner Liebe abgetändelt;
alles, was ich dir sagte, war Lüge. Lerne, was
ein Weib zu unternehmen im Stande ist, wenn
du ihre Eitelkeit beleidigest. Denn entfernte sie
sich wie eine Furie mit zerstreuten Haaren. Die
unglückliche Laura fand ihren sterbenden Alvero;
sie bemühte sich vergebens mit Küssen der Liebe
seine bereits entflohene Seele auf seinen kalten
Lippen wieder zurückzurufen; er starb, und seine
zärtliche Laura konnte seinen Tod nicht überleben.
Sie ergrif den Degen, der neben ihm lag, und
durchbohrte ihr eigenes Herz an seiner Seite. Zinetti vergiftete sich selbst, und triumphirte noch
im Tode über die Schwachheit des guten Alvero.

_____

Sätze durch Erfahrungen bestättigt.

Eitel

Eitelkeit ist die heftigste Leidenschaft eines Weibes.

Ein eitles Weib will keinen Liebhaber, sondern immer Anbether; keinen Gatten, sondern einen Sklaven.

Ein eitles Weib will alles besiegen: den sie besiegt, den liebt sie nicht; der ihr widersteht, den hasset sie.

Ein eitles Weib ist nie fähig die Freundin einer andern zu seyn, als nur in sofern ihre Eitelkeit dabey gewinnt.

Für ein eitles Weib ist die Schönheit einer andern Beleidigung, und die Tugend ein unverzeihliches Verbrechen.

Eine tugendhafte Frau gleicht heut zu Tage unter den eitlen Weibern einer armen Kautze, die auf einem Stocke im offnen Felde steht, und auf die alle Vögel herabstoßen, und sie verfolgen.

Jedes eitle Weib trägt alles mögliche zum Verderben einer andern bey, um sie denn auf alle Arten zu erniedrigen, obwohl sie vielleicht in ihrer Seele noch dreymal schlechter ist, als die Verdorbene.

Wenn ein eitles Weib die Tugend lobt, so geschieht es nicht darum, weil sie Liebe zur Tugend hat, sondern weil sie glaubt Gelegenheit zu finden, Frauen, die ihres gleichen sind, und ebenfalls keine Tugend haben, zu erniedrigen.

Die meisten Weiber reden gut von Sittlichkeit, Eingezogenheit, Treue, damit sie mehr Stoff finden, über andere loszuziehen, oder um zu weilen die Freude des Widerspruchs zu haben.

Die

Die meisten Weiber, deren Seelen schwarz sind, können jene nicht vertragen, die noch weiße Seelen haben. Sie wenden alles an, diese auch schwarz zu machen, oder wenigstens müssen sie scheckigt seyn. Diese Sätze bestättigt die alltägliche Erfahrung.

Der beste Rath, den ich jemanden zu geben im Stande bin, ist dieser: studire das Weib, eh du es nimmst: aber zu diesem Studium gehört Kaltblütigkeit und Vernunft, und die geht meistentheils zum Geyer bey der Liebe. Man hange an der Larve, und denkt nicht ans Herz.

Ihr mögt sehen, Kameraden, wie ihr euch durchschlägt: so viel ist gewiß, daß das Verderbniß der Sitten den höchsten Grad erreicht hat.

München,
gedruckt bey Joseph Zängl Stadtbuchdrucker.

www.ingramcontent.com/pod-product-compliance
Lightning Source LLC
Chambersburg PA
CBHW030358270326
41926CB00009B/1163